닭고기 전문회사 하림의
브랜드 파워를 높이는 마케팅 수업

닭고기 전문회사 하림의
브랜드 파워를 높이는 마케팅 수업

1판 1쇄 인쇄 | 2010년 06월 29일
1판 1쇄 발행 | 2010년 07월 08일

지은이 | 오웅서
발행인 | 이용길
발행처 | 모아북스
　　　　　MOABOOKS

영업 | 권계식
관리 | 윤재현
디자인 | 이룸

출판등록번호 | 제 10-1857호
등록일자 | 1999. 11. 15
등록된 곳 | 경기도 고양시 일산구 백석동 1332-1 레이크하임 404호
대표 전화 | 0505-627-9784
팩스 | 031-902-5236
홈페이지 | http://www.moabooks.com
이메일 | moabooks@hanmail.net
ISBN | 978-89-90539-81-6 03320

닭고기 전문회사 하림의
브랜드 파워를 높이는 마케팅 수업

오응서 지음

모아북스
MOABOOKS

마케팅의 6가지 핵심전략

2000년대 일상적으로 가장 많이 듣게 되는 단어 중에 하나가 '마케팅'이다. 과거 산업시대가 제품의 질로 승부하는 시대였다면 21세기의 복잡한 환경에서는 마케팅이 제품의 판매와 수명을 결정하는 직접적인 요인이 되고 있다. 아무리 좋은 제품을 만들어내도 그것을 알리고 판매까지 이어가는 전략이 없다면 무용지물인 것이다.

흔히 21세기의 생존 환경은 전쟁과 다를 바 없다고 말한다. 굳이 총 쏘고 박격포를 쏴대야만 전쟁인 건 아니다. 뭐든지 상품이 될 만한 것들을 판매해서 이윤을 남겨야 생존할 수 있는 자본주의 사회에서는 기업들도 일종의 상품 전쟁을 치러야 한다.

아침마다 눈을 뜨면 비슷비슷한 신상품들이 진열대에 수북하게 쌓이니 치열한 경쟁을 뚫고 올라서서 소비자들의 눈과 귀를 사로잡아야만 그들의 지갑을 열게 할 수 있다. 그러다 보니 무얼 하나 내놔도 히트할 수 있는 상품이 필요하다. 비단 상품뿐일까? 이 시대를 살아가는 우리 모두도 능력과 포지션, 추구하는 가치들에서 마케팅이 필요하다. 면접 하나를 봐도 차별화가 필요하고, 심지어 연애와 결혼에서조차 자기 장점을 부각시킬 줄 알아야 한다.

즉 21세기는 상품의 전쟁 시대이자 그 자체로 마케팅의 시대이며, 이제 마케팅은 단순히 상품을 파는 것에 그치지 않고 개인 또는 조직이 목표로 하는 방향으로 가기 위해 실시해야 할 일련의 경영 전략 모두를 의미하는 것이 되었다. 즉 이제 마케팅은 마케팅에만 몰두하는 실무자들만의 전유물이 아닌 현장과 데스크 실무자는 물론 우리 모두가 알아야 할 교양이 되었다.

우리는 매일매일 자신도 의식하지 못하는 사이 자신을 알리는 작업을 해나간다. 또한 능력을 키워 이른바 몸값을 올리고 자신만의 특화된 재능을 통해 차별화 전략을 구사한다. 나아가 자신이 원하는 최종적인 가치를 위해 나날이 계획하고 발전하며 성장한다. 이런 상황에서 마케팅을 모르면 자신이 추구하는 풍요로운 삶을 얻기가 힘들어진 게 현실이다.

그렇다면 이처럼 우리에게 중요해진 마케팅이란 과연 무엇이고 어떤 유래를 통해 탄생했는지도 알아보면 도움이 될 것이다.

마케팅의 변천

놀랍게도 마케팅은 군사 전략에서 나왔다. 일반적인 마케팅을 배우다 보면 전략이라든지 전술 같은 군사 용어를 많이 사용하는 것을 볼 수 있는데, 이는 마케팅 자체가 1차 세계대전과 2차 세계대전 당시 쓰였던 군사 전략 이후 상업적 용도로 변화한 데서 유래했기 때문이다.

이는 세계대전을 거치면서 군사 전략을 연구한 전략 전문가들이 전쟁 없는 세상을 맞이하게 되자 이를 상업적 용도로 이용하면서 나타난 현상이다. 전략과 전술을 전쟁에서만 사용하던 이들이 전쟁이 소멸되면서 상품 판매라는 새로운 전선에 뛰어들었고, 그 덕에 상품을 만들고 파는 전략에서도 군사 전략과 유사한 판매 기술이 등장하기 시작했다.

즉 지금의 마케팅은 이를 좀 더 발전시키고 상업적으로 체계화시킨 것으로서, 대표적으로 영국의 항공공학 엔지니어인 란체스터(Frederick William Lanchester)가 제1차 세계대전을 계기로 고안해낸 란체스터 전략을 들 수 있다.

나아가 고대의 중국에도 실제적인 마케팅 전략의 유래가 발견된다. 『삼국지』나 『손자병법』을 읽어보면 현재 우리가 사용하는 마케팅 전략과 유사한 부분이 상당히 많다. 실제 서양 마케팅 학자들도 중국의 병법 연구를 많이 하는데, 마케팅 실무자라면 중국 고전(古典)을 한번 읽어봐야 하는 것도 그런 이유에서다.

이처럼 고도의 생존 환경에서 탄생한 마케팅은 21세기를 거치면서 보다 고도화되고 정교해졌다. 많은 새로운 이론들이 등장하면서 풍부한 매뉴얼과 방법론들이 쏟아지기 시작하면서 대부분의 기업들이 '상품만큼 중요한 것이 마케팅'이라는 명제에 동의하고 있는 실정이다. 또한 마케팅은 이제 상품 판매뿐만 아니라 전략과 전술을 통해 기업의 경영을 담당하고 자신만의 색깔을 찾는 데에도 필수적인 요인이 되었다.

마케팅 전략의 올바른 방향

이제 기업들은 마케팅 실현이 기업 생존 환경에서 얼마나 중요한지를 깨닫고, 이를 전 직원들 모두가 공유할 수 있도록 적절한 교육을 실시함으로써 마케팅을 홍보실의 '은밀한 전략'이 아닌 전 직원의 공유 전략으로 자리 잡을 수 있도록 노력해야 한다. 또한 현장에서도 마케팅 이해를 통해 더 창조적인 현장 실무를 진행하고 데스크와의 소통을 이룰 수 있다는 점에서도 마케팅 실무는 이제 우리 모두가 알아야 할 기본적인 교양이다.

나는 지난 10여 년간 하림그룹의 마케팅 부서에서 일해 오면서 용

가리치킨, 치킨너겟, 즉석 삼계탕, 하얀속살, 허브스모크치킨, 치킨
米, 참치킨(슬림 닭가슴살), 자연품은 브랜드 등 다양한 브랜드를 기
획 개발하고 알려오는 일을 해왔다. 그렇게 마케팅의 최전선에서 뛰
면서 몇 가지 사실을 뼈저리게 느낄 수 있었다.

바로 우리가 실현해온 마케팅 원칙들이 과연 제 기능을 하고 있는
가 하는 질문이었다. 시대가 변하면 마케팅도 변한다는 것이다. 그러
나 초고속으로 변화하는 기업 환경에 비해 마케팅 이론은 제자리 걸
음을 걷고 있다는 생각이 들었다. 이에 나는 마케팅에 대해 두 가지
중요한 원칙을 세웠다.

첫째, 마케팅은 결코 이론이나 치장이 아닌 현장 중심의 전략이어
야 한다. 나는 마케팅 전략이 프로모션에 집중되어야 한다고 생각한
다. 눈으로 보고 귀로 듣는 것보다 발로 뛰는 것이 더 효과적이라는
의미다. 그러나 실제 마케팅 전략 수립 프로세스를 보면 많은 에너지
가 마케팅 조사 제품 컨셉 등 이론적인 것에 집중되거나, 프로모션
계획도 실천 가능성이 부족한 보고용 프로모션인 경우가 많다. 하지
만 나는 마케팅 조사는 어디까지나 정확한 프로모션을 위한 기본 자
료일 뿐이라고 생각한다.

즉 마케팅 자체가 주체 또는 목적이 되어서는 안 되며 반드시 현장
에서 실천되어 판매와 이윤이라는 목적을 달성해야만 완전해진다고

믿는다. 그러나 문제는 대부분 실무자 또는 관리자들이 마케팅을 단순 조사를 위해 필요한 단순한 이론으로만 생각하는 오류에 빠져 있다는 점이다.

둘째, 마케팅은 교육을 통해 더 발전시킬 수 있다. 나는 그간 마케팅 교육이 단순 이론 전달에 그칠 뿐 실무와 가장 핵심적인 단계인 프로모션 등에 대한 체계적인 교육 과정이 없다는 아쉬움을 느낄 수밖에 없었다.

실제로 지금까지 보아온 마케팅의 성공 사례들은 조사나 이론 정립이 아닌 프로모션 부분에서 성공의 꽃을 피웠다. 아무리 조사 잘 하고 이론에 빠삭해 봐야 프로모션에서 실패하면 모든 게 물거품이 된다.

그렇다면 올바른 마케팅 업무는 어떤 식으로 진행되어야 할까? 이 부분을 알려면 우선 마케팅 전략과 전술에 대한 간단한 이해가 필요하다는 것을 알았다.

마케팅의 올바른 이해

우리가 흔히 마케팅 전략이라고 부르는 건 사실 엄밀한 의미에서 전술에 가까운 것들이 더 많다. 전략은 앞으로 나가야 할 방향/지침이라면, 전술은 이러한 목표를 달성하기 위한 세부 시행을 뜻한다.

여기 한 그루의 나무가 있다. 그 나무의 뿌리는 바로 전략을 수립하는 주체, 즉 회사다. 이 주체는 단순히 가지에 불과한 전술에 몰두하기 전에 튼튼한 나무 기둥에 해당되는 전략을 세워야 한다.

나아가 그것이 세부적인 전술, 즉 작전이라고 부를 수 있는 가지와 나뭇잎과 만날 때 훌륭한 마케팅 전략도가 완성된다.

* **마케팅의 기본 개념들**

$$전략 \neq 전술 \quad 전략 \ni 전술$$
$$전술 ≒ 작전$$

뿌리 : 전략 수립의 주체 (회사),

전략 : 나무 기둥

전술 : 나뭇가지/나뭇잎

마케팅 목적 : 꽃/열매

전략 : 전체적 전술(작전) 계획

전술(작전) : 개개의 전투에 있어서의 계획

그러나 요즘의 마케팅 기술은 전략과 전술을 혼동하거나 이 중 한 가지에만 치중하는 경우가 있다. 좋은 열매는 뿌리와 기둥, 가지 모두가 건강한 나무에서 열린다. 마찬가지로 마케팅도 어느 한쪽에만 치중하거나 함몰될 경우 좋은 결과를 볼 수 없다. 내가 이론과 현장 모두를 균등하게 중시하는 것도 그런 이유에서다.

실제로 많은 책과 강좌를 경험한 결과, 실무 위주로 설명해 주기를 바라는 실무자의 바람과는 달리 상당한 책과 강좌가 이론을 위한 이론만을 중시하거나 한 분야에만 치중하는 경향이 적지 않았다. 그럴 경우 실무자는 아무리 책을 읽고 강좌를 들어도 그것을 실제 업무에서 활용하기 버겁다. 나는 중요한 것은 이론 자체가 아니라 '그것을 어떻게 이해하고 활용하는가'라고 생각한다.

이 책은 바로 이 맹점을 보완하기 위한 것이다. 지난 10년 동안 마케팅 실무자로서 실제 업무에서 느꼈던 것을 정리해서 후배 실무자들은 물론 마케팅의 기본적 이해를 원하고 이를 실무와 실생활에서 활용하고자 하는 이들에게 도움이 되고자 한다.

미리 말해둘 부분은 이 책은 마케팅 원론과는 내용이 많이 다르고 미흡할 수 있으며, 어디까지나 이론가가 아닌 실무자 입장에서 내용을 재해석했다는 점이다. 논리적 또는 이론적으로 책 내용을 비판하기보다는 '마케팅 실무'를 역발상으로 되짚어보는 기회로 삼아주었으면 하는 바람을 전해본다.

오웅서

차례

닭고기 전문회사 하림의 브랜드 파워를 높이는 마케팅 수업

1장

기업 이미지와 브랜드 구축이 필요한 이유

: 기업들이 이미지와 브랜드 구축에 목매는 이유는 무엇인가?

기업의 브랜드 정체성은 회사의 얼굴

현대사회를 살아가는 사람들은 거울을 자주 본다. 외출할 때도, 약속이 있을 때도, 중요한 일을 할 때 자신이 어떻게 보일지를 고민한다. 심지어 "첫인상은 3초 안에 결정되니 첫인상에 목숨을 걸라."는 말이 있을 정도로 현대인들은 자신의 이미지 관리에 철저하다.

기업들도 마찬가지다. 기업들은 소비자가 제품을 사야만 이윤을 얻는다. 따라서 소비자들이 자신의 기업을 어떻게 바라볼지, 어떤 제품과 자신들의 어떤 이미지에 매력과 불신을 느낄지를 끊임없이 고려할 수밖에 없다.

그리고 이런 기업의 얼굴과 마음, 즉 통틀어서 정체성을 표현할 수 있는 것이 바로 CI(Corporate Identity)와 BI(Brand Identity)다.

CI와 BI는 쉽게 말하면 한 기업의 가치를 대변하고 이미지 정체성을 확립해주는 무형의 자산이다. 미국의 부루킹스 연구소의 보고서에 따르면 기업 가치를 평가할 때 무형자산(intangible asset) 또는 지적 자산(intellectual asset)이 차지하는 비중이 점차 높아지고 있다고 한다. 1985년에는 무형자산의 가치가 38 %에 불과했지만, 1995년에는 62 %까지 급격히 증가했다고 한다. 그리고 이 무형자산은 기술이나 특허 같은 것도 될 수 있겠지만 디자인 리더십, 브랜드 마케팅의 역량, 자산의 이미지와 명성 관리 능력 등의 3가지 요소가 특히 중요하며, 바로 이것이 CI와 BI와도 연관이 있다.

CI는 교과서적으로 말하면 "기업의 미래 생존을 위해 디자인 이미지를 통일화하는 전략"이라고 할 수 있고 CIP(Corporate Identity Program)라고도 불린다. CI를 가장 일반적으로 보여주는 것은 우리가 주변에서 흔히 보는 기업 로고나 상징(symbol) 마크 등이다.

이처럼 시각화된 CI의 시초는 19세기 독일의 건축가 겸 디자이너인 피터 베렌스(Peter Behrens)가 디자인한 알게마이네 전기회사(AEG:Allgemeine Elektrizitats Gesellschaft)의 상징 마크로 볼 수 있지만, CI 작업이 처음 본격화된 것은 1950년대 미국인 폴 랜드(Paul Rand)가 디자인한 IBM 로고에서였다.

하지만 CI는 결코 디자인에서만 머무르지 않는다. 이외에도 기업의 경영과 생존 전략 하의 인력 운영, 고객 확보, 시장 창출에 이르기까지 기업의 모든 역량 표출에 직간접적인 관련이 있는 경영 비전 전

닭고기 전문회사 하림의 브랜드 파워를 높이는 마케팅 수업

체를 의미한다. 1990년대 일본 기업들 사이에서 CI 작업이 유행한 후 한국 기업들도 뒤를 따랐지만 단지 기업 로고 바꾸기로 끝나 버린 경우가 많은 이유는 위의 조건을 포괄적으로 고려하지 않았기 때문이다.

CI는 사원들로 하여금 기업이 추구하는 가치를 공유하게 하고 외부로 표현하는 동시에 정보화 시대에 걸맞는 기업의 정체성 표현뿐 아니라 적극적인 마케팅 활동 및 경영 환경을 개선하여 나가는 데 꼭 필요한 작업이다.

따라서 다른 기업과의 차별성을 표현하고 지속성과 일관성, 해당 기업 문화 및 경영 전략과 들어맞아야 한다.

나아가 이런 CI의 성공은 기업이미지의 향상뿐만 아니라 기업 내부의 경영 과정에서 시간과 비용을 줄여주고 체계화된 행정으로 생산성 및 경영 효율증진을 가져다 주며, 기업 전반에 걸친 경영, 행정, 제품의 가치, 생산, 판매, 시장에서의 경쟁 우위 그리고 미래고객의 확보 차원에서 결정적인 역할을 한다. 이것이 사업 분야를 막론하고 CI가 기업 경영의 핵심으로 부상한 이유이기도 하다.

● C I (Corporate Identity)란 무엇인가?

CI는 단순히 기업을 대표하는 이미지가 아니라 기업의 책임, 목표, 문화를 내외부적으로 통일화한 것을 말한다. 일반적인 CI전략은 상호나 마크등 시각적 수단이 주가 되지만 넓은 의미에서는 앞에서 말한 기업문화와 기업이념 조직원의 의식개혁까지 포함한다.

CI는 타업체와 차별화된 기업 이미지를 각인시키는데 내부적으로는 일체감과 소속감을 부여하고 외부적으로는 일관된 이미지를 심어준다.

● BI(Brand Identity) 란 무엇인가?

제품의 특성을 시각적으로 디자인해 대외 경쟁력 강화 및 차별화를 꾀하는 브랜드 이미지 통일화 작업을 BI라 한다.

그렇다면 BI는 무엇이라고 정의할 수 있을까? BI는 앞에서도 말했듯이 'Brand Identity' 의 약어로서 제품과 서비스의 정체성, 경쟁 제품과의 차별화를 위한 중요한 개념이다. 즉 CI가 추상적인 기업의 이미지 및 비전을 포함한다면, BI는 시각적으로 형상화된 제품의 특성이라고 할 수 있다. 기업들이 이 BI에 신경을 쓰는 건 자신의 제품 또는 서비스를 고객에게 명확하게 인식시키고 경쟁자로부터 차별화하기 위해서다.

BI의 대표적인 성공 사례인 인텔의 브랜드 마케팅을 예로 들어보자. 현재 전 세계 개인용 컴퓨터 10대 중 8대에는 '인텔(Intel)' 로고가 찍혀 있다. 이렇게 많은 사람이 사용하기까지 탁월한 기술력과 경영

능력이 받침이 되어야겠지만 특히, 브랜드 관리 능력이 큰 몫을 했다고 한다.

인텔은 1991~1998년까지 8년간 34억 달러를 들여 '인텔인사이드(Intel Inside)' 마케팅 캠페인을 실시하였고 "소비자는 성능에만 관심이 있지 그 속에 어떤 브랜드의 칩이 들어있는지 관심조차 없을 것"이라 했던 초기의 예상과 달리, 90% 이상의 인지율과 80% 이상의 시장점유율을 기록하며 브랜드 가치 창조에 성공하여 소비자의 인식을 바꾸어 놓았고, 그 결과 CPU하나만으로 연간 300억 달러의 매출을 올리는 글로벌 대기업으로 성장했다.

하림의 브랜드 파워

"저희 업소는 하림 닭을 사용합니다." 아마 많은 분들이 식당에서 이 문구를 보았을 것이다. 한국의 배달 치킨 전단지의 30% 이상은 하림 닭을 사용하고 있다는 이유로 하림 CI를 도용하고 있다. 이는 식품산업분야에서 전 세계적으로 유래 없는 하림만의 기업 브랜드 가치다. 이런 상황이 벌어지게 된 데에는 그럴 만한 배경이 있다. 한창 하림의 브랜드 가치가 높아지던 때 하림에서 "저희 업소에서는 하림닭을 사용합니다." 라는 스티커를 제작 배포한 적이 있었던 것이다. 그런데 지금은

업체에서 알아서 이것을 제작한다. 이는 소비자들이 '국내산 닭고기' 보다 '하림 닭고기' 라는 브랜드에 더 안심하고 가치를 부여 하기 때문이다. 물론 '닭고기=하림' 이라는 강한 이미지 때문에 타 육류나 식품 브랜드를 형성하는 데 장애가 되는 것도 사실이지만 "닭고기 하면 하림" 이라는 CM 조차도 익숙해져 있어서 타사의 1등 따라잡기는 거의 불가능해 보인다. 이는 시장을 누가 먼저 시작하는가가 아닌, 누가 먼저 선점하는가가 중요하다는 것을 보여주고 있다.

BI(Brand Identity)의 요소로는 브랜드 네임, 로고와 심벌, 슬로건, 패키지 디자인, 브랜드 캐릭터 같은 주요한 요소들 외에도 명함/편지지/행사쿠폰/전단지/카달로그 등의 인쇄, 제복, 차량, 제품 진열 등 다양하고 복합적인 요소들을 포함할 수 있다.

반면 판매자 유통업체 관점에서 바라본 브랜드의 구분은 다음 2가지가 있다.

첫째, NB(National Brand) : 생산자 브랜드 = 판매자 브랜드 (ex. 매장에서 판매하는 일반적인 제품)

둘째, PB(Private Brand) : 유통업체의 브랜드를 사용해 자체 매장에서만 판매한다. 유통업체명을 브랜드로 직접 사용하기도 하지만 이

마트의 '이플러스', 롯데마트의 '와이즐렉' 처럼 별도의 브랜드를 만들기도 한다.

※ OEM(Original Equipment Manufacturing : 주문자 상표 부착 생산) : 흔히 말하는 외주(외부 주문 생산)인데 생산자는 따로 있고 브랜드는 판매자의 것을 사용하는 것이다. (이 경우 제조업체와 판매업체로 나뉜다.)

판매자 입장에서 외주(OEM)를 하는 목적은 다음과 같다.

- 자체 생산시설 또는 기술력이 없거나 부족할 때
- 판매량이 많아서 자체생산량으로는 대응이 불가능할 때
- 신규산업/시장 진출시 투자에 대한 위험을 줄이기 위해
- 신규투자전에 타사 능력으로 시 장진입 가능성을 테스트하기 위해서
- 판매 탄력성이 큰 제품 생산시 생산보조를 유지하기 위해 (생산 탄력성 확보)
- 일시적 또는 임시적 생산이 필요할 때
- 대상품목이 주력이 아닌 구색 맞추기 또는 보조품목일 때
- 전문적인 판매 목적 서비스 기업의 경우 : 미국에서 코스트코 월마트 등 대형할인점에 TV를 납품하는 비지오(VIZIO)는 공장이 없다. 비지오는 2층짜리 조그만 건물에서 기획 마케팅, 콜센터와 일부 디자

인을 담당하는 임직원 168명이 전부다. 이 적은 인원으로도 회사가 유지되는 것은 이들이 모든 것을 외주로 진행하기 때문이다.

그럼에도 비지오는 2009년 TV 시장에서 삼성전자와 소니를 제치고 점유율 1위에 올랐다.

반면에 생산자 입장에서 PB나 OEM을 하는 경우는 다음과 같다.

- 생산 여력이 남을 때(설비 가동율이 낮을 때)
- 유휴설비(가동 안 하는 설비) 가동을 위해
- 규모의 경제 실현을 위해 : 가동율을 높여 단위당 고정비 절감으로 총원가 절감
- 유통판매력(영업조직, 마케팅력 등)이 약할 때
- 브랜드 파워가 없을 때
- 마케팅 비용 또는 개발비용이 부담될 때

cf. 판매자와 유통업체의 차이
→ 판매자는 하림, 유통업체는 홈플러스 이마트 슈퍼 등을 말한다.

OEM과 PB의 차이점은 OEM은 생산업체와 판매업체의 관계, PB는 생산업체와 유통업체와의 관계로 이루어 진다는 점이다. 그러면 유통업체는 모든 판매업체의 OEM을 PB로 만들어도 되지 않는가?

그렇지는 않다. 유통업체의 PB보다 판매업체 브랜드가 더 신뢰도가 강한 경우가 많고 상품을 잘 만들어 팔려면 제품기획 및 관리가 요구되는 것은 물론 기본적인 물량을 자체적으로 소화해내야 하는데 유통업체(PB브랜드) 입장에서는 관리비용이 너무 많이 들 수 있고 자체 능력으로 그 물량을 모두 소화하기에는 자신의 매장에서만 판매하기 때문에 리스크가 따른다.

2

CI와 BI가 중요한 이유는 뭘까?

최근 들어 많은 기업들이 CI와 BI의 도입과 활성화에 심혈을 기울이고 있다. 이처럼 두 개념의 도입의 필요성에 대한 사회적 인식은 점점 확대되어 가고 있지만, 현실은 그렇게 만만하지 않다. 재정적 여유가 많지 않은 소규모 기업들의 경우 단기적인 성과에 매달릴 수밖에 없는 만큼 역량 개발에 게으른 경우가 많다.

하지만 이 모든 이유들에도 불구하고 CI나 BI가 활성화되지 않는 가장 큰 이유는 절실하게 그 필요성을 느끼지 못하기 때문이 아닐까 싶다. 중요한 시대적 흐름과 CI나 BI의 필요성을 간과함으로써 크게 성장할 수 있는 결정적인 돌파구를 놓치고 있는 건 아닌가 하는 안타까움을 지울 수 없다.

그렇다면 CI나 BI는 과연 기업 경영에 어떤 중요성을 가질까? 그것은 CI나 BI가 각광받기 시작한 시대적 배경을 알아보면 명확해진다. 우리가 살고 있는 21세기 정보화 시대는 많은 것들이 이미지로 존재한다. 그 때문에 기업도 자신의 존립기반을 확립하기 위하여 모든 전달 이미지를 시각적으로 통일화 체계화시켜서 미래 전략으로 구축하고 수행해갈 수밖에 없다.

그리고 이런 경영전략에 CI와 BI는 핵심적인 역할을 담당한다. 새로운 사업을 시작한다거나 사업 영역을 확장할 때, 새로운 기업 이미지를 구축해 변화를 시도하고자 할 때, 신규 브랜드를 런칭할 때 이 모든 순간에 CI와 BI가 구축되어야 한다.

나아가 CI와 BI는 시대와 함께 변화하는 기업의 모습을 보여준다. 아무리 기업은 그대로라고 해도 그 기업을 둘러싼 환경은 항상 변화할 수밖에 없다. 그런데 우리가 살고 있는 고도의 정보화 시대에서 시대의 흐름에 뒤떨어진 이미지로 인식되는 것은 그 기업의 시장 경쟁을 저하시킬 뿐이다. 특히 회사명이나 CI와 BI가 시대에 뒤떨어진 이미지를 가질 경우 이는 소비자들의 외면을 사게 되어 결과적으로 실적의 부진이나 정체로 이어질 수밖에 없다. 또 다시 이것은 내외부 직원과 조직의 의욕 저하와 무기력을 불러오게 된다.

합병 기업들이 적절한 시기를 골라 정기적으로 새로운 경영계획 발표와 함께 새로운 CI를 발표하는 것도 이 때문이다. 이때 CI가 혁신적이고 창조적일수록 사원들의 의욕도 높아지고 조직의 단합력을 높

1장 기업 이미지와 브랜드 구축이 필요한 이유

일 수 있다.

그러나 CI가 가지는 가장 특별한 힘은 '승인효과' 와 '쿠션효과' 라는 것에서 찾아볼 수 있다. CI가 한 기업의 사업 성격과 잘 맞아떨어지면 새로운 사업을 수행 할 때 거부반응을 일으키지 않고 사전에 잘 수용되는 것을 승인효과라고 한다. 또한 평소 좋은 이미지를 가진 CI를 통해 이미지 관리를 잘할 경우 사회적 결함이 발생하더라도 그 기간이 최소한으로 그칠 수 있다는 것이 바로 쿠션효과이다.

승인효과와 관련한 작은 예를 들어보겠다. 여기에 한 운송회사가 있다. 이 회사는 철도운송 전문회사였는데 철도를 이용해 운송만 하는 회사로서 기존의 사업 범위가 크지 않았다. 그런데 이 회사가 종합물류회사로 발돋움을 하게 되었다.

종합물류회사란 철도 외의 육상/해상운송은 물론 항공물류도 동시에 하는 회사를 의미한다. 이때 CI구축작업을 착실히 해온 회사들은 이처럼 사업 범위가 커질 때도 소비자들로 하여금 그 이미지를 잘 받아들일 수 있도록 하는 승인효과를 얻을 수 있다.

쿠션효과도 마찬가지로 충실한 CI의 힘을 보여준다. 언젠가 한 유기농 회사가 농약 검출로 곤욕을 치른 적이 있다. 이 회사는 한동안 언론 지상에 노출되면서 지탄을 받았다.

하지만 사건 발생 시 급감했던 매출은 단기에 다시 정상으로 회복되었다. 이는 평소에 질 높은 CI작업을 통해 유기농 회사로서의 이미지 관리를 꾸준히 했던 덕이었다. 강력한 CI로 유기농 이미지가 강했던 덕에 농약이 검출되었음에도 소비자들은 회사의 사과를 의심 없이 받아들이고 다시 단골 고객이 된 것이다.

그렇다면 BI는 어떨까? 최근 인기 스포츠 선수나 연예인들을 대상으로 '브랜드 가치'가 높다고 평가하는 것을 들을 수 있다. 이들이 등장하는 광고, 이들로부터 파생된 상품들은 폭발적인 반응을 얻고 일정 이상의 수익을 꾸준히 낸다. 또한 잘 되는 브랜드 하나가 기업 하나를 먹여 살린다는 말도 있다.

한 예로 1996년 영 & 루비컴의 유명 기업의 상표자산에 대한 조사를 보면 코카콜라는 그 브랜드 자체가 434억 달러, 코닥은 133억 달러, 펩시콜라는 89억 달러, 소니는 88억 달러, 리바이스는 73억 달러, 네슬레는 36억 달러의 높은 가치를 가지는 것으로 평가되었다.

이처럼 기업 브랜드가 높은 인지도를 가지게 된 것은 이들이 차별화 전략을 제품에 이용해 개성을 창출하면서 브랜드 아이덴티티를 잘 생성했기 때문이다. 여러 마케팅 커뮤니케이션 채널 등을 통해 소비자에게 브랜드 이미지를 각인시키면서 하나의 브랜드 개성을 가지게 된 것이다.

나아가 BI는 세부 제품의 브랜드도 포함한다. 이제 품질만으로 승부하던 시대는 끝났다. 많은 기업들 대부분이 소비자의 요구에 상응하는 수준의 품질을 제공할 수 있는 능력을 갖추게 되면서 소비자들

1장 기업 이미지와 브랜드 구축이 필요한 이유

은 제품의 품질 이상의 것을 원하기 시작하였다. 즉 제품이나 서비스 소비에 의미를 찾고 싶어 하고, 감정적인 소비활동을 하며, 소비를 통해 자신의 정체성을 표현한다.

이처럼 시장 환경이 달라졌으니 기업도 품질 이상의 뭔가를 소비자들에게 제공해 주어야 하는데, 이를테면 다른 기업은 제공해 주지 못하는 특별한 편익을 우리만이 제공해 줄 수 있다는 차별화 전략, 나아가 제품을 소비함으로써 어떤 정체성을 표현할 수 있는지 가이드를 제공하기도 한다.

즉 21세기는 브랜드 경영 전략이 중요한 시대이며 기업 이름보다는 브랜드가 소비자에게 더 깊이 인식됨으로써 브랜드의 성공 여부가 기업의 성패를 좌우하게 된 것이다.

따라서 강력한 BI의 완성은 CI의 완성 못지 않게 기업의 힘을 좌우하는 중요한 요소이며 나아가 변덕스러운 소비자들에게 자신의 이미지를 강하게 각인시키는 중요한 채널 도구라고 할 수 있다.

나아가 브랜드에서 가장 중요한 것이 바로 통일성이다. 간혹 예외적인 경우가 있는데 하림이 '주원 산오리'를 인수했을 당시 우리는 이것을 '하림 산오리'라고 칭하지 않기로 했다.

이는 '주원 산오리'라는 오리 전문 브랜드의 시장가치를 인정했기 때문이다. 만일 주원 산 오리를 하림산오리라고 했을 경우 집중성과 통일성은 담보되었겠지만 닭고기 전문회사라는 이미지가 흔들려 CI에 혼란이 오고 내외부 고객 모두가 혼란이 가중될 수 있기 때문이었다.

나아가 하림의 CI, BI 전략과 관련해 좋은 사례가 하나 더 있다. 1998년 즈음 하림이 널리 알려지지 않았을 때의 일이다. 사실 당시만 해도 하림이 어떤 회사인지 모르는 소비자가 대부분이었다. 그리고 이 무렵 하림은 독특한 CI 전략을 집행하였다. 포장지/간행물을 포함한 모든 인쇄물에 하림 CI를 가장 크게 정가운데, 그것도 인쇄 면의 절반 크기로 디자인한 것이다.

처음 하림그룹 김홍국 회장님으로부터 이 전략을 지시받았을 때 마케터는 물론 자체 디자이너, 외주 디자이너들까지 모두 당황한 기색이 역력했다. 이것은 CI의 비중을 줄이고 BI를 디자인화해 정가운데 위치시켰던 기존의 제품 디자인과 완전히 다른 것이었기 때문이다. 하지만 김홍국 회장님의 논리는 매우 간단했다.

"하림 CI = BI이다. 소비자는 제품명이 아닌 '하림'이라는 글자를 보고서 구매를 한다."

그리고 그 후 몇 년 뒤 하림은 그당시 가장 높은 인지도를 얻었던 '마니커'를 추월해 국내에서 가장 인지도 있고 믿을 만한 닭고기 업체로 소비자에게 각인되었다.

이는 마케팅 성공은 단순히 제품 광고/홍보 문제가 아니라 얼마나 자기 얼굴을 효과적으로 자신 있게 내비치느냐가 중요하다는 것을 여실히 보여주는 사례였다.

하림의 디자인 기획은 너무 단순하다. 하림 CI를 가장 크게 먼저 넣고 제품 사진과 창의 위치를 정하고 제품 명외 표기사항을 끼워 넣는다.

③

CI 변화의 주의점과 적절한 시기

CI는 그 시대의 스타일, 문화적인 역량이 꾸준히 반영되어야 한다. 즉 시대에 뒤떨어지거나 고민 없이 즉각적으로 실시하는 CI는 필연적으로 시대 환경과의 괴리를 가져올 수밖에 없다.

CI를 멋지게 진행해온 회사 중에 하나가 1851년 설립된 P&G(Procter and Gamble)이다. 이 회사는 양초와 비누를 생산하고 발송하는 직원 중에 문맹이 많아서 발송 상자에 검정으로 '+' 표시를 했다. 그러다가 이 이미지가 많은 이들에게 각인되자 이를 발전시켜 별 모양으로 만들었으며, 나중에는 여기에 달과 사람을 덧붙여 심벌 마크로 사용했다. 이 마크는 소비자들에게 강하게 각인되어서 나중에는 이 표시가 없으면 모조품으로 여기게 되었다. 이는 P&G가 CI 프로그램의 중요성을 잘 알고 꾸준히 발전시켜온 결과였다.

그렇다면 기업 CI를 변화시켜야 할 때는 과연 언제일까? 거기에는 다양한 환경적 요소들이 개입되어 있는데 지금부터 한 가지씩 살펴보도록 하자.

첫째, 기업 구성에 변화가 오고 경영 전략이 변화할 때이다. 이를테면 사업을 확장할 경우 기존 CI를 바꿀 필요가 있다. 둘째, 기업명보다 제품명이 더 알려졌을 때도 적절한 CI 변화가 필요하다. 이 경우 유명 대표 브랜드를 CI로 바꾸는 경우도 있는데 하이트가 대표적이며, 반대로 현재의 대상처럼 미원을 사명에서 제품명으로 축소시킨 경우도 있다.

그 외에도 시각적 요소가 더 중요해졌거나 내외부적으로 의식을 통합하거나 바꿀 때, 합병하거나 새로운 사업을 확장할 때 모두 적절한 CI 변화가 필요하다고 할 수 있다.

하지만 이런 CI가 모두 성공적인 것만은 아니며 아쉬운 부분도 적지 않다. 예를 들어 나는 GS를 볼 때마다 개인적으로 안타까운 마음이 든다. GS는 럭키 금성에서 LG와 함께 분리되어 나온 것이다. 그런데 이것을 볼 때마다 오히려 GUMSUNG 이 더 소비자에게 친근하게 다가오고 홍보 비용을 줄임과 동시에 효과도 더 좋지 않았을까 생각해보게 된다.

또한 이처럼 효율성과 효과에 대한 면 외에도 CI 작업 시에는 몇 가지 주의점이 요구된다.

첫째, CI를 어떻게 정하느냐에 따라 기업의 규모 또는 경영자의 마인드 및 조직원의 생각이 바뀔 수 있으며, 어느 하나의 목표를 향해 정진할 수 있는 계기가 된다는 것은 앞서 주지한 사실이다.

그러나 막연히 현실과 동떨어진 CI는 오히려 혼란만 주게 되는데, 예를 들어 년간 매출액이 1억 원이고, 종업원이 5명인 소규모의 두부 생산 공장이 종합식품회사를 CI로 정한다면 모두가 웃을 것이고, 오히려 고급 이미지를 유지하기 위한 소위 말하는 품위유지비 같은 추가비용이 소요된다.

이 경우는 오히려 일일배송을 하는 식품 전문 가공회사를 CI로 정하는 것이 바람직한데, CI는 기업의 비전을 제시하는 것인 만큼 현실성 있고 달성가능해야 한다. 반면에 회사 규모에 비해 싸구려로 보이는 CI를 사용하는 것도 소비자에게 CI 이미지에 비해 비싸다는 인식을 줄 수 있으므로 CI를 바꾸거나 제품군별로 고급화된 BI를 개발하여 사용하는 것이 유리하다.

둘째, CI는 한번에 바꾸는 것보다는 조금씩 변화시키는 것이 유리하다. 어느 한 순간에 바꾸게 되면 그 비용이 클 뿐더러 소비자에게 혼란을 줄 수 있다.

하림의 경우도 초기 CI와 지금의 CI는 많은 차이가 있는데 실제 점진적으로 변화된 CI에 대해 소비자는 인식을 못한다.

1장 기업 이미지와 브랜드 구축이 필요한 이유

다음과 같이 하림의 CI는 소비자가 인식을 못하도록 조금씩 변화시켜 현대화하 했기 때문이다.

| 1990년대 | 2000년 초반 | 2010년 현재 |

셋째, 훌륭한 CI는 일관성과 통일성이 있어야 하고 기억하기 좋아야 한다. 만일 일관성이 결핍되거나 너무 기억하기 어려울 경우 그 CI로 인해 내부 및 외부고객들이 혼란을 겪게 됨으로써 좋은 이미지 구축에 실패할 수 있다. 따라서 간단명료하고 강한 이미지를 적절히 사용하는 것이 중요하다.

넷째, CI는 미래지향적이고 가급적 세련되어야 한다. 시대에 뒤떨어지거나 촌스러운 느낌의 CI는 차라리 없는 것이 낳다. 나아가 CI 이미지가 포장지를 포함한 인쇄물 디자인에 얼마나 잘 어울리고, 얼마나 풍부하게 응용할 수 있는지도 중요하다.

다섯째, CI는 비전의 의미를 담고 있으므로 기업의 특성이 잘 나타나 있어야 하며 타 기업과 차별화되어야 한다. 자칫 타 업체와 유사한

CI 사용 시 강자라면 모르지만 약자라면 모방했다는 의혹으로 인해 오히려 기업이미지를 실추할 수 있다.

한편 이 CI는 기업의 얼굴인 만큼 어떤 불미스러운 사고로 기업이미지가 추락했을때 CI를 변경하거나 크게는 회사명을 바꾸어 쇄신하는 경우도 있다.

브랜드 전략의 3가지 방법들

앞서 우리는 CI와 BI와 관련한 개괄적 설명과 이 두 개념의 중요성과 역할을 알아보았다. 지금부터는 BI의 구체적 실행이라고 볼 수 있는 마케팅의 핵심 브랜드 전략의 5가지를 살펴볼 것이다.

브랜드 전략이란 자사의 고유한 상표나 의미를 일반 대중에게 알려나가는 활동으로써, 초기에는 인지도를 높이는 활동을 위주로 진행하며, 어느 정도 인지도가 상승한 후에는 선호도를 증대시키는 방향으로 선회하여 전략이 펼쳐진다.

그렇다면 각각의 기본 브랜드 전략으로는 어떤 것이 있을까?

첫째는 개별상표전략이다. 이 전략은 모든 품목마다 각각의 개별상표를 사용하는 것으로 연관성이 없는 다품목을 생산하는 업체들이 사용하는 전략이다. 각각의 제품마다 다른 개별상표를 사용하므로 어느 브랜드가 명성을 실추했다 해도 다른 브랜드는 영향을 받지 않는다. 그러나 각각의 개별상표 인지도를 높여야 하므로 마케팅 비용이 많이 들 수 밖에 없다. P&G의 경우를 보면 오랄비, 아이보리, 프링글스, 질레트 등 많은 브랜드가 있는데 이 모든 브랜드를 개별적으로 마케팅하고 있다. 이 모든 브랜드가 P&G의 브랜드라고 생각하고 구매하는 소비자는 거의 없을 것이다. 이러한 개발상표전략을 사용하기 위해서는 마케팅 비용을 상쇄할 정도의 수요가 크거나 (다국적 기업 ex, P&G) 고가/고마진 제품이어야 유리하다.

둘째는 단일브랜드를 사용하거나 회사명을 대표 브랜드로 사용하는 대표상표전략이다. 이 전략은 많은 상품에 하나의 브랜드 또는 회사명을 사용하는 것으로 높은 마케팅 시너지 효과를 얻을 수 있고, 만일 그 중에 성공한 제품이 있다면 그 명성을 이용해서 보다 용이하고 신속하게 시장을 파고들 수 있다. 다만 이 전략은 한 품목 또는 회사가 이미지를 실추시켰을 때 다른 상품도 연쇄적으로 피해를 입을 수 있고 각상품의 특성을 브랜드에 충분히 표현할 수 없는 단점이 있다. 단일 브랜드 사용으로는 대상의 청정원이, 회사명을 대표 브랜드로 사용하는 사례는 하림이 있다.

셋째, 소수의 패밀리브랜드 사용전략이다. 이는 상품의 성격, 가격대 또는 소비자의 특성에 맞게 브랜드를 차별화하여 사용하는 것인

데, 햄·소시지 부분에서는 하림의 하얀속살/순치킨, 청정원의 하이
포크/참작, CJ의 백설햄/프레시안 등을 들 수 있다.

용가리치킨의 브랜드 전략

초기 「용가리치킨」은 출시 때 포장지에 하림 CI를 사용하지
않았다. 이는 육가공 초창기였던 만큼 닭고기 냉동 제품에 대
한 소비자 반응이 어떨지 추측하기가 어려웠고, 당시 1등 제품
이던 「하림치킨너겟」의 시장잠식(Cannibalization)가능성을 상
쇄하고자 하는 목적으로 출시했기 때문인데, 무엇보다도 하림
이라는 거대 브랜드에 가려져 브랜드 인지도 구축을 못할 것
을 우려해 당시 이슈가 되었던 용가리 영화를 최대한 이용한
브랜드 전략이었다. 그러던 어느 날 소비자 상담 전화에서 "하
림이죠?"가 아닌 "용가리치킨이죠?" 하는 말이 들려올 정도가
되었다. 이 정도면 초기 마케팅 전략이 성공한 셈이다. 「용가리
치킨」에 하림 CI가 사용된 것은 출시 후 3년 뒤의 일이었다. CI
를 사용하고 난 뒤에야 많은 소비자들이 "아~ 하림에서 나온
거였구나!" 했으니 이 정도면 성공한 브랜드 전략 사례라고 할
수 있다.

그렇다면 CI와 회사명, BI와 제품명은 어떻게 구분할 수 있을까?

사실 이것들을 각각 정확히 구분하는 것은 어렵지만, 개괄적으로 보면 회사명을 디자인으로 형상화한 것이 CI, 제품군 이름 또는 제품명(브랜드)을 디자인으로 형상화한 것을 상표 또는 BI라고 구분하면 될듯 하다. 많은 회사들이 마케팅 비용을 줄이기 위해 CI를 BI로 사용하기도 하는데, 전에도 언급하였지만 CI는 단순한 디자인이 아닌 기업문화 및 이미지를 대변하는 회사의 중요한 얼굴이다.

브랜드의 유래

기업의 심벌마크는 중세 서유럽에서 사업이 번창함에 따라 생산자를 서로 구분하기 위해 혹은 자신의 기업이 만든 제품임을 표시하기 위해 사용되기 시작하다가 이것이 일반화되면서 시작되었다고 한다.

그러나 브랜드의 유래는 그보다 오래전에 생겨난 것이다. 목축업이 발달한 서양에서는 자신의 가축과 남의 가축을 구분할 필요가 생겼다. 이 때 사용한 방법이 소나 말의 엉덩이에 뜨거운 인두를 이용하여 자신의 이름을 새기거나, 또는 가문과 목장의 표시를 해두었는데 바로 이것이 브랜드의 시초이다.

2장

선발주자와
후발주자의
시장 전투기

: 광대한 시장에서 어떻게 고지를 지킬 것인가?

1

선발주자라고 승리하지는 않는다

시장의 또 다른 이름은 '경쟁'이다. 수많은 기업들이 비슷한 상품을 가지고 한정적인 소비자를 향해 시장으로 뛰어든다. 이때 처음으로 시장을 개척하거나, 새로운 영역에 가장 먼저 도전하여 어느 정도의 위치를 확보한 사람이나 업체를 선발주자, 그 뒤를 따라 시장이나 영역에 진입한 사람을 후발주자라고 말한다.

또한 어떤 시장이든 선발주자와 후발주자는 필연적으로 존재할 수밖에 없는 게 현실이다. 이럴 때 만일 누군가 "당신은 선발주자가 되고 싶습니까? 후발주자가 되고 싶습니까?"라고 물으면, 아마 거의 100%가 선발주자가 되겠다고 답할 것이다. 예전만 해도 선발주자는 깃발을 가장 먼저 꽂고 그 영역을 절대적인 자신의 것으로 만들어내는 강력한 강자를 의미했기 때문이다.

하지만 이제 시대는 달라졌다. 산업과 정보력의 발달 및 시장의 자유로 인해 모방(imitation)과 복제(copy) 개념이 시장의 한 원칙으로 자리 잡은 이후 특별한 기술이 개발되고 신제품이 나와도 단지 시장을 선점했을 뿐 그 제품을 독자적으로 생산하기는 어려워졌다. 여기서 모방(imitation)이란 선발기업 제품의 장점만을 살려 비슷한 제품을 개발하는 것이고, 복제(copy)란 기존 제품과 똑같은 제품을 생산하는 것을 의미한다. 상황이 이러하다 보니 선발주자가 비교적 유리한 입장에 서게 됨에도 몇 가지 어려움을 겪게 되었다.

첫째, 선발주자는 그동안 전혀 관심이 미치지 않는 사업 영역에서의 위치를 점하기 위해 많은 노력을 기울일 수밖에 없다. 아무도 없는 불모지를 홀로 개척해야 하니 그만큼 위험부담도 크다. 일단 기존 자료가 없으므로 사업의 성공 여부를 가늠하는 기초적인 조사는 물론 정보를 수집하고, 분석하고 판단을 내리는 일도 스스로 해야 한다. 많은 사업자들이 실패를 겪는 단계도 바로 이 부분이다. 자칫 잘못된 시장조사나 분석으로 인해 잘못된 판단을 하게 되는 것이다.

둘째, 선발주자는 이렇게 시장을 가장 먼저 발견했다고 해도 기술을 독자적으로 개발해야 한다. 이는 엄청난 시간과 연구개발 비용이 든다는 것을 의미한다. 연구개발에 필요한 인력은 물론, 완성도 높은 제품이 탄생하기까지 수많은 시행착오도 홀로 감당해야 한다. 반면 이것이 성공한다면 당연히 그는 엄청난 부가가치를 창조해내고 개발한 기술에 대해 독점적인 권리를 가질 수 있게 된다.

반면 후발주자의 경우는 시장에 한 발 늦게 들어섰다는 태생적인 한계를 가지지만 이런 후발주자에게도 장점은 있다. 이들은 선발주자들의 실패를 거울삼아서 좀 더 빠르게 기술을 습득할 수 있게 된다. 앞선 선발주자의 시행착오가 성공의 지도를 그려줌으로써 많은 시간과 비용을 절약할 수 있는 것이다. 또한 새롭게 시장을 개척할 필요도 없으니 실패의 부담에서도 약간은 자유로울 수 있다.

그렇지만 후발주자는 시기적 한계로 인해 앞선 선발주자가 개척해 놓은 시장의 일부만을 가지게 될 뿐이며, 선발주자와 차별화할 수 있는 또 다른 기술이나 아이디어를 개발하지 않는 이상 쉽게 소비자들의 기억에서 잊혀지게 된다. 때문에 연구비에 많은 비용을 지불한 선발기업에 비해 후발주자는 많은 비용을 마케팅에 소요하게 된다. 더욱이 선발주자의 아성이 엄청난 경우에는 시장 진입 자체가 어려울 수도 있다.

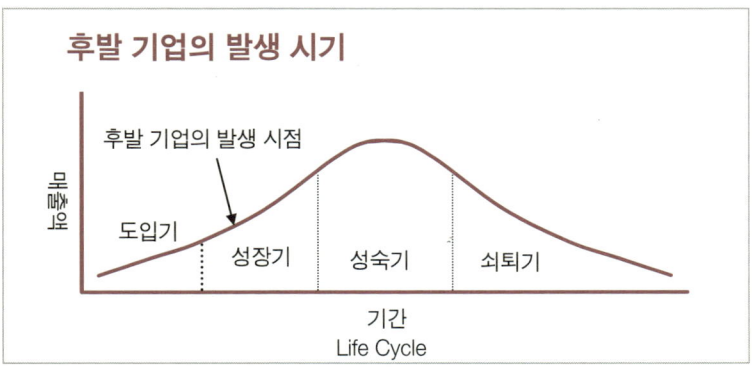

후발 기업의 발생 시기

후발 기업의 발생 시점

매출액

도입기　성장기　성숙기　쇠퇴기

기간
Life Cycle

또 한 가지 주지해야 할 부분이 있다. 정보와 마케팅이 발달한 현재의 시장에서는 최초가 되는 것은 그다지 중요하지 않다. 오히려 후발주자의 개발력과 마케팅력이 더 우수하다면 Life Cycle 상에서 성장기에 들어가는 것이 더 유리할 수 있다.

즉 도입기에서 선발주자의 시장테스트 과정을 지켜 본 뒤 시장이 커지기 시작하는 시점에서 진입하여 먼저 선점할 수 있다. 가장 좋은 진입시기는 오히려 처음이 아닌 소비자가 찾기 시작하는 시간 안에 진입하는 것이다.

또한 선발기업이건 후발기업이건 일단 시장에 진입하고 난 뒤에는 그에 걸맞은 전략이 필요하게 되는데 이 부분은 이어지는 장에서 살펴보도록 하겠다.

선발주자의 방어전략

선발기업이건 후발기업이건 기억해야 할 원칙 하나가 있다. 시장은 공격적으로 이끄는 쪽이 차지한다는 점이다. 그런 면에서 선발기업은 우위를 점한 위치에서 공격적 포지션을 유지하는 데 좀 더 유리한 입장에 서 있다고 할 것이다. 그렇다면 선발기업의 방어전략은 어떤 방식으로 이루어져야 할까?

선발기업의 방어전략은 근본적으로 선점한 위치를 그대로 유지하고 최대한 후발주자들과의 거리를 넓히는 것에 있다. 즉 일단 선발기업의 방어 전략의 크게 다음 3가지로 요약된다.

첫째, 후발주자가 공격할 틈을 주지 않는다.

둘째, 오히려 후발주자의 주력상품/유통망을 공략하여 관심을 다른 곳으로 유도한다.

셋째, 후발주자의 집중력을 분산시킨다.

선발기업이 할 수 있는 최상의 방어 전략은 바로 '사전대비' 이다. 위에서 언급한 방어의 3가지 목표를 인식하고, 적이 공세를 펴기 전에 미리 공격을 해서 선수를 치는 것이다. 즉 공격이 최상의 방어임을 인지하는 것이다. 다만 이 방어를 위한 공격이 좀 더 효과적이려면 반박의 기미가 감지될 때 신속하게 대응하고, 공격 시에는 강한 힘으로 도전자를 완전히 압도해야 한다.

그 대응 전략을 상세히 들여다보면 다음과 같다.

1) 즉시 대응한다

후발주자의 시장 잠식이 시작되었음에도 대응이 늦어질 경우, 후발주자의 차별화와 인지도가 소비자들의 뇌리에 각인될 수밖에 없다. 따라서 약자의 기세를 효과적으로 꺾으려면 약자의 움직임을 잘 살피고, 어떠한 차별화 시도에 대해서건 발견 즉시 곧바로 대응할 수 있는 준비를 갖추고 있어야 한다.

예를 들어 후발주자가 신제품 준비 또는 출시를 했다는 정보를 입수했다고 하자. 신제품이 출시된 뒤부터 대응을 하면 준비기간 등을 고려할 때 이미 늦어버린 경우가 많다. 이럴 때는 후발주자가 제품을 출시하자마자 즉시 기존제품의 판촉을 강화하거나 미리 준비해놓은 후발주자의 제품과 비슷한 신제품을 출시하고 대대적으로 판촉활동을 벌이면 후발주자의 시장을 진입을 약화시키거나 시장에 발을 들이지 못하게 할 수 있다.

2) 상대의 빈틈을 공략한다

후방공격이란 만일 한 시장에서 활발하게 활동하던 회사가 다른 시장을 공격할 때, 이 틈을 타서 그 회사가 주도하고 있던 주요 시장을 공략하는 것을 의미한다.

이는 경쟁회사가 다른 시장에 전력을 다하면서 기존 시장을 허술하게 관리하는 것을 이용해 그 시장을 집중 공략함으로써 주도권을 가져오고 이득을 얻는 공격 방식이다.

3) 작은 싹부터 자른다

이는 후발주자나 경쟁 약자가 어느 한 시장에 영업력을 집중하고 발을 붙일 수 없도록, 싸우는 시장을 한정하지 않고 되도록 넓히는 전략을 말한다. 예를 들어 지금 선발기업이 주력하고 있는 큰 시장이 있다고 하더라도 후발주자가 싹을 틔울 수 있는 작은 시장까지도 거침 없이 공략하는 것을 말한다.

4) 확률전으로 승부한다

경쟁자들이 많아지고 자사와 비슷한 제품이 많아질 경우 소비자들은 과거의 구매 경험이나 지명도가 뛰어난 제품을 선택할 확률이 높아지게 된다. 특히 약자들이 많을 경우 약자들끼리 경쟁하면 강자들은 더욱 유리해질 수밖에 없다. 따라서 선발주자로 들어서면서 주도권을 잡은 제품들을 놓지 않고 꾸준히 관리함으로써 모방제품의 난입 시에 오히려 더 확고한 주도권을 가질 수 있도록 준비해야 한다.

5) 유통망을 장악한다

경쟁제품을 취급하는 유통업체에 대해서는 물품을 공급하지 않거나 제한하는 단호한 방법을 사용하는 사례도 있다. 물론 이는 공정거래법에 위반된다. 반대로 선발주자의 제품을 취급하는 유통업체에 혜택을 주어 후발주자 제품을 취급할 필요성을 못 느끼게 하는 방법도 있다. 이러한 전략은 독점시장일 때 가능하다.

6) 대대적인 판촉행사를 실시하는 등 마케팅을 강화한다

선발주자는 이미 일정한 인지도를 쌓은 뒤이므로 후발주자에 비해 마케팅 및 자금력이 강하다. 따라서 이를 이용해 후발주자가 자리잡지 못하고 퇴출 될 때까지 파격적인 판촉행사 또는 광고를 실시한다. 하지만 주의할 점은 후발주자가 선발주자보다 더 큰 자금력과 마케팅력 또는 조직을 동원할 수 있을 경우 오히려 불리하다는 사실이다.

7) 시장을 확대한다

시장의 확대 방법으로는 신 시장을 만드는 방법, 시장 또는 사용자를 세분화하는 방법, 새로운 유통채널을 개발하는 방법, 새로운 수요를 창출하는 방법, 소비를 늘리는 방법, 새로운 용도를 개발하는 방법이 있다. 한 예로 본래 코카콜라는 소화제로 만들어졌다가 청량음료로 발전했다. 이처럼 원 소스를 멀티 유즈하는 전략은 상품의 시장 확대에 주요한 전략이다.

예를 들어 치약은 은 제품을 닦는 데도 사용되는데 이는 치약 회사들의 사용 매뉴얼 확대를 통해 이제는 어느 정도 고착되었다. 나아가 치약의 소비량을 늘리기 위해 1일 3회 양치질을 캠페인하고 광고에서는 칫솔 가득히 치약을 듬뿍 짜는 장면을 내보내기도 한다.

나아가 같은 제품이라도 어린이 치약, 과일향 치약 등 다양한 타겟과 경로를 정해서 수요를 창출하는 방법도 시장 확대에 있어 주요한 방법이 된다.

이처럼 선발주자 또는 큰 기업이 후발주자 또는 중소기업을 저지하는 방법들은 실로 다양하다. 그러나 이에 앞서 올바른 시장개척과 유지를 위해서는 서로 공격하고 방어하기 보다는 공정하게 경쟁하면서 서로 발전하거나 7(항)처럼 함께 시장을 키워나가는 것이 최선의 방법임을 알아야 한다.

3

후발주자의 방어전략

　지금까지 살펴본 선발주자의 방어전략은 사실 후발주자로서는 쉽사리 뚫기 어려운 것으로 보인다. 하지만 최근 들어 시장 판도의 변화와 전략에 따라 선발주자를 추월해 선두를 달리는 후발기업들도 얼마든지 존재한다. 다시 말해 시장 선점은 진입 시기도 중요하지만 진입 후 전략이 더 중요하다고 할 수 있을 것이다. 나아가 설사 선발기업을 따라잡기 힘들지라도 2등이나 3등으로 올라서기 위해서는 반드시 다른 후발주자들과 경쟁을 실시해야 한다.

　따라서 이 때는 선발기업과 경쟁후발주자라는 두 상대와 경쟁해야 하는 만큼 선발주자나 경쟁사와는 또 다른 세밀한 전략이 필요하며 이를 통해 다양한 방해공작들을 극복해야 한다. 지금부터 경쟁사와 선발주자에 맞서는 후발주자들의 전략에 대해 알아보도록 하겠다.

● 강자 후발주자의 전략

1) 가격, 제품, 마케팅으로 정면 승부한다

이 전략은 후발주자가 어느 정도 힘을 얻었을 때 유효한 전략이다. 즉 보유 자원이 넉넉해서 장기간의 소모전으로 치닫는다 해도 승산이 있다는 확신이 들 때, 유통업자들에게 자사의 상품을 취급하도록 만들고 소비자들에게도 자신들의 상품을 사용시킬 수 있다는 확신이 있을 때, 저가격, 고품질, 강력한 마케팅 활동으로 경쟁 후발기업과 차이를 벌리고 동시에 선발기업의 인지도를 일부 가져오는 활동이다.

2) 상품을 다양화한다

상품을 다양화시켜 소비자의 선택권을 크게 넓혀주는 전략으로서 단순히 품목 수만 늘리는 게 아니라 상품 하나하나를 확실하게 포지셔닝하는 전략을 의미한다. 이러한 전략을 사용하면 약자 선발주자의 제품은 그 많은 것 중 하나가 되어 확률적으로 진입 선택 폭이 적어진다. 다만 이 전략도 경쟁 기업보다 각종 자원 면에서 우세하다는 판단이 들 때 사용할 수 있다는 한계가 있다.

3) 조직력을 동원하여 직접 설득한다

이 전략은 조직 동원력, 영업력, 판촉력이 강할 때 유리하며 자사의 제품을 사줄 수 있는 가능 구매자들과 집적 접촉해 이들을 설득함으로써 판매량을 늘리는 전략이다.

● 약자 후발기업의 전략

1) 최대한 빨리 성장해야 한다

이것은 작은 기업일수록 선발기업이 미처 대처할 시간이 없을 정도로 빠르게 성장해야 살아남을 수 있다는 뜻이다. 만일 사업 확장, 신제품 개발 출시 등이 지나치게 길어지면 이는 곧바로 선발기업이 대처할 시간을 주는 것과 다름 없어진다. 나아가 장기간의 비용 투입으로 인해 재정적 위험에 빠질 수도 있다.

2) 비어있는 틈새 시장을 공략하라

강한 선발기업이 이미 선점하고 있는 시장에서 약자 후발기업은 승산이 없다. 이럴 경우 그들이 관심 없어하거나 모르는 틈새 시장,

유통채널, 소비자를 공략해야 한다.

3) 게릴라 전략으로 싸워라

가격할인과 판촉행사를 제품, 유통경로, 지역별로 선택하여 산발적으로 실시하는 것이다. 일반적으로 대기업의 경우는 결재라인이 복잡해서 의사결정기간이 많게는 1주에서 1개월까지 소요되기도 한다. 반면 중소기업은 전화 한 통으로 몇 초만에 의사결정이 이루어지므로 시장대응이 빨라 게릴라 전략에 무척 유리하다. 많이 사용하는 방법이 가격할인인데, 여기저기서 산발적으로 가격행사를 하면 가격질서의 혼란으로 인해 강자도 전체 가격을 내릴 수밖에 없다. 가격할인시 약자는 부담이 적지만 강자의 경우 전체가격 인하로 손익이 나빠지고 이로 인해 시장점유율이 축소될 가능성이 커진다. 결과적으로 약자는 일정한 시장을 점유할 수 있게 된다.

5) 맞짱을 떠라

경쟁자(제품)가 많거나 지역이 넓을 경우 약자는 가급적 1:1의 싸움을 해야 한다. 여러 경쟁자(제품) 또는 넓은 지역에서 동시에 싸우면 불리해지는 만큼 하나의 상대(제품)를 정해놓거나 특정 영업 지역에서 집중적으로 싸우는 맞짱이 유리하다.

6) 차별화에 신경 써라

만일 어떤 제품에 다른 제품들과 차별화되는 장점이 없다면 소비자는 당연히 강자(유명 브랜드)를 선택하게 된다. 따라서 상품뿐만 아니라 서비스나 판촉활동, 유통경로 등 다양한 부분에서 차별화를 도모할 필요가 있다.

강자나 약자나 가장 중요한 것은?

차별화된 강한 제품력만 있으면 아무리 약자라도 충분히 살아남을 수 있다. 유통에서는 흔히 삼부자 김을 사례로 드는데, 식품 대리점 치고 삼부자 김을 취급하지 않는 곳이 없다. 그렇다고 파격적인 판촉영업을 하는 것도 아니고 대대적인 행사도 하지 않는다. 취급율이 높은 이유는 단 하나, 소비자가 찾기 때문이다. 아무리 약자라도 차별화된 강한 제품력이 있고 인지될 수 있는 시간까지 버틸 수만 있다면 충분히 성공할 수 있다.

흔히 잘 되는 집은 손님이 알아서 찾아든다. 대표적으로 식당을 들 수 있는데, 과연 식당의 성공 조건은 무엇일까? 단순히 시설이나 서비스가 훌륭해서일까? 아니면 음식 맛이 좋아서일까? 이 역시도 중요한 요인이긴 하지만 진짜 대박 식당의 조건은 손님이 알아서 찾아가는 집을 만드는 것이다.

아무리 멀어도 찾아 가는 집, 뭔가 특별한 것이 있기 때문에 가는 집이 바로 대박 식당이다. 여기서 특별한 차별점이란 음식의 맛, 서비스, 분위기 등이 해당될 수 있을 것이다.

즉 대박식당은 단순히 목만 좋다거나, 유동인구가 많다거나, '한번 해보지' 정도로는 결코 만들어질 수 없다. 체인 사업의 경우도 마찬가지다. 뭔가 특별한 것 없이 남들 하는 대로만 하거나, 잘 되는 체인점을 벤치마킹만 한다고 해서 성공할 수는 없다. 다들 느끼겠지만 찾아가는 집에는 뭔가 특별한 것이 있다. 장사가 이러한데 불특정 다수 손님의 눈에 들어야 팔리는 제품은 뭐가 다르겠는가? 매장에서 판촉사원이 권유해서 또는 충동구매를 노리는 제품이 아닌 손님 스스로가 정말 원해서 진열 매대를 둘러서 찾는 제품이 차별성 강한 정말 제품력 있는 제품일 것이다.

쌍두마차의 법칙과 1등 제품 죽이기

1) 쌍두마차의 법칙

처음에는 아무리 많은 회사들이 시장에 진입해도 나중에는 시장 경쟁사가 2개로 압축되게 된다. 1, 2위 간의 간격은 좁혀지지만 3위 이하는 격차가 더욱 심해져 결과적으로는 경쟁은 이 두 회사가 하게 된다.

2) 1등 제품 죽이기 (구매습관 바꾸기)

(주)한강은 A라는 1등 제품을 갖고 있다. 반면 (주)디디는 B라는 2등 제품을 갖고 있다. A와 B는 동일 제품은 아니지만 같은 제품군에

속하고 대체재 성격이 강하다. 이때 한강의 A제품을 누르기 위한 디디의 전략은 어때야 할까? 쉬운 방법으로는 디디에서 한강의 A제품과 똑같은 제품을 출시 후 2등 제품인 자기 회사의 B제품에 증정품으로 붙여버리는 것이다. 그렇게 되면 소비자는 A제품이 아닌 A제품을 공짜로 얻을 수 있는 B제품을 구입할 것이다.

※ 소비자의 만족도

(주)한강의 A제품 만족도 ≤ (주)디디 사의 B제품 만족도 + 증정품인 A제품 만족도

　　이러한 전략을 중장기적으로 시행해 소비자의 구매습관을 바꾸면 (주)디디는 (주)한강 시장점유율을 어느 정도 차지할 수 있게 된다.

3장

히트상품으로
고객과 시장
유혹하기

: 신제품 개발 및 프로모션은 어떻게 진행되어야 하는가?

1

영리한 카사노바는 User가 아닌 Buyer를 사랑한다

카사노바가 최고의 바람둥이가 된 비결이 있었다. 그는 모든 여자들에게 "이 사람은 내 마음을 정말 잘 이해하고 나를 사랑해주는 사람"이라는 느낌을 가지도록 했다. 신제품을 출시한다는 것 역시 일종의 연애 전략이다. 소비자가 내 상품을 얼마나 사랑할 수 있을지, 어떻게 하면 그들의 마음을 사로잡을지를 고민해야 한다.

다만 신제품과 카사노바가 다른 부분이 있다. 많은 여인들을 타겟으로 정하고 균등하게 사랑을 주었던 카사노바와 달리 신제품은 정확하고 합리적인 타겟 공략이 필요하다. 작은 사례를 하나 보자.

승영이는 올해 대학에 입학한 신입생으로 다른 친구들처럼 맘에 드는 여자친구를 사귀고 싶었다. 그래서 승영이는 몇 가지 전략을 짰다. 일단 예쁜 여학생들이 많이 수강한다는 교양과목을 선택해서 팬

찮은 여자친구를 사귀어보기로 했다.

승영이의 전략	비고
먼저 강의를 듣는 여학생들을 둘러보면서 어떤 여학생이 괜찮은지를 고민했다. 기준은 외모, 분위기, 키 등이었다.	Segments
그러던 중 국문과에 다니는 늘씬하고 분위기 있는 여학생인 혜령이를 발견하고 그녀를 사귀겠다고 마음 먹는다.	Targeting
그날부터 승영이는 혜령이에 대한 정보를 수집했고, 그 결과 혜령이가 호탕하고 멋진 남자를 좋아한다는 것을 알아냈다. 그래서 자기 이미지를 멋쟁이처럼 보이기로 마음먹었다.	Positioning
승영이는 먼저 찢어진 청바지를 구입하고 머리를 염색했다.	Product
경제적으로 여유 있다는 걸 보여주려고 친구에게 빨간 스포츠 카도 빌렸다.	Price
그런 다음 혜령이와 우연을 가장한 필연을 만들기 위해 혜령이가 자주 가는 도서관 옆자리에서 얼굴을 익힌 후 첫 데이트를 신청했다.	Place
첫 데이트에서 패밀리레스토랑 파스타를 먹고, 야외로 드라이브를 한 뒤 장미 한 다발을 선물한다.	Promotion

승영이는 과연 성공했을까? 결론부터 말하자면 "실패했다." 여기서 승영이가 미처 생각하지 못한 부분이 하나 있었다. 바로 혜령이의 실질적인 보호자인 부모님이었다.

첫 데이트를 성공적으로 마친 승영이는 혜령이를 집까지 데려다주기로 했다. 그런데 차를 타고 배웅하던 중 혜령이 부모님이 우연히 그 장면을 보게 되었다. 부모님은 깜짝 놀랐고 혜령이를 불러서 그 친구는 누구냐고 물었다. 혜령이가 자초지종을 이야기하자 부모님은 고개를 저었다. 아직 어린 학생이 지나치게 값비싼 차를 타고 다니는 것을 보니 사치스러울 것 같고 염색한 머리도 너무 날라리 같다는 것이다. 그리고 혜령이가 승영이와 사귀는 것을 반대했고, 곰곰이 생각해본 혜령이도 그렇게 결정하였다.

이는 신제품 출시에서 가장 많이 부딪치는 딜레마이다. 즉 Buyer와 User와의 차이점을 얼마나 잘 이해하고 이 둘의 공략을 어떻게 하는가에 따라 제품의 성공이 결정 나는 것이다.

승영이의 사례에서는 혜령이는 User, Buyer는 부모님이다. 제품개발 및 프로모션 때는 이 두 Customer를 제대로 구분하고, 또한 다각적인 이해를 통해 그 중요도를 평가해 그에 걸맞은 메인 컨셉을 구축해야 한다.

마케팅 컨셉에서 모든 것이 결정난다

"아, 저 디자인 컨셉 좋은데!"

무언가 가려운 곳을 긁어주는 것 같고 제품과 잘 어울리는 디자인을 보면 흔히 하는 말이다. 컨셉이란 제품 전체에 통일성과 차별성을 부여해줄 뿐만 아니라 고객의 감성에 호소하는 가장 중요한 핵심이다. 비단 디자인뿐만 아니라 기획이나 마케팅에서도 역시 이 컨셉이 중요한데 마케팅 전체 과정에서 이 컨셉이 얼마나 잘 드러나고 소비자의 관심을 끄는가가 상품의 성패를 결정짓게 된다.

이런 컨셉은 전문적으로 STP와 4P(마케팅믹스)라는 과정 속에서 형성되는데, 지금부터 상품 마케팅 전략은 어떤 과정과 순서를 거쳐서 수립되는지 살펴보도록 하자.

신제품 출시 전략의 순서

순 서	마케팅 전략과정	비 고
1	시장세분화 (Segments)	전제조건
2	표적시장 설정 (Targeting)	
3	제품 컨셉 자리매김(Positioning)	
4	제품개발(Product) & 가격(Price)	※ **가격(Pricing) 전략은 그때 그때 다르다.** 제품원가기준으로 Pricing하는 방법과 일반 유통가격(시장가격) 또는 각 유통채널별로 차별적 개별 Pricing하는 방법, 판매촉진을 위한 Pricing (저가는 물론 고가도 가능하다) 이 있다.
5	유통(Place) & 가격(Price)	
6	판매촉진(Promotion) & 가격(Price)	

※ 1~3까지는 전제조건이고, 4~6는 전략 (신제품을 어떤 가격에 어느 판매경로를 통해 판촉하는가)에 해당한다.

보다시피 제품의 컨셉은 타켓팅 뒤에 형성된다. 즉 누가 이 제품을 원하고, 누구에게 이 제품을 선보일 것인가에 따라 컨셉이 달라지게 된다. 그런데 우리가 흔히 저지르는 마케팅 컨셉의 오류가 하나 있다. 바로 소비자를 가르치려 들고 주입하려 드는 것이다.

마케팅 활동은 소비자의 욕구를 따르는 것일 뿐 소비자를 가르치려 들어서는 안 된다. 소비자의 욕구에 부응하는 대신 소비자를 교육시키려는 마케팅은 비용 및 그에 따른 커다란 위험이 발생하게 된다. 따라서 올바른 마케팅 컨셉을 세우기 위해서는 광범위한 마케팅 활동보다는 특정 타겟을 교두보로 정하고 전략을 세워 비용 및 위험을 최소화할 필요가 있다.

또 하나는 바로 마케팅 컨셉과 판매 컨셉의 차이를 이해해야 한다는 점이다. 언뜻 비슷해 보이지만 이 둘은 목적하는 대상이 다르다. 전자의 마케팅 컨셉은 어디까지나 고객을 대상으로 하는 반면 판매 컨셉은 다소 전근대적인 기업 발상의 잔재로서 상품의 컨셉 자체를 소비자에게 강요하거나 '선보이는 것' 에 불과하다. 다음의 표를 보면 둘 사이의 차이를 정확히 알 수 있을 것이다.

마케팅 컨셉과 판매 컨셉의 차이점

마케팅 컨셉	판매 컨셉
1. 소비자 입장에서 출발한다. 2. 고객이 원하는 것을 먼저 생각하고 그 대응 방안을 평가한다. 3. 소비자 지향적이다.	1. 제품개발 측면에서 출발한다. 2. 먼저 제품을 만들고 판매할 방법을 모색한다. 3. 생산자 지향적이다.
소비자) 아하, 써보니 제품이 정말 좋구나 !!	생산자) 제품 너무 좋습니다. → 공허한 메아리? (소비자의 무반응)

그러나 문제는 아직도 많은 회사들이 판매 컨셉을 중시하면서 신제품을 출시한다는 점이다. 이들이 판매 컨셉을 버리지 못하고 마케

팅 컨셉을 소홀히 여기는 것에는 한 가지 이유가 있다. 제품에만 치중하면 이익이 더 크기 때문이다. 하지만 소비자의 의견을 무시하고 생산자 입장의 판매 컨셉만 강조하다가 결국 더 큰 손해를 입고 철수하는 경우도 적지 않다. 계육산업의 예를 들어보면, 흔히 도계장을 갖고 있는 회사에서 치킨프랜차이즈를 하면 성공하지 못한다는 속설이 있다. 이는 소비자 만족과 프랜차이즈 고유의 특성을 이해하기보다는 이를 단순 원료 판매 또는 원료 수급 불균형을 맞추기 위한 돌파구로만 생각하기 때문이다. 즉, 판매 컨셉으로 사업을 전개하기 때문이다.

마지막으로 살펴볼 부분은 바로 컨셉 구축에서 가장 기본이자 핵심이 되는 집중화와 통일성의 개념이다. 아직도 주변을 둘러보면 이기본적인 집중화와 통일성에 대한 개념을 제대로 세우지 못한 경우가 적지 않다.

그렇다면 집중화란 무엇인가? 『주유소 습격사건』이라는 영화를 보면 배우 유오성이 "한 놈만 패!"라고 말하면서 사람들을 겁주는 장면이 나온다. 그걸 보면서 '마케팅을 잘 아는군.' 절로 고개를 끄덕여졌다.

집중화란 모든 역량을 한곳에 집중하여 성공률을 높이는 것을 의미한다. 셀링 포인트도 마찬가지이다. 핵심적인 소수의 셀링포인트를 정하고 집중해야 함에도 마케터의 욕심이 지나쳐 셀링포인트를 너무 많이 나열하거나 어느 것이 가장 중요한 셀링포인트인지 모르는 경우가 많다. 이럴 때 혼란스러운 건 마케터뿐만이 아니다. 소비자까지도 그로 인한 혼란을 겪게 되고, 어떨 때는 가장 중요한 셀링포인트가 다른 설명 때문에 오히려 가려지는 경우도 적지 않다.

여기서 한 가지 사실을 기억하자. 돋보기를 아무리 들이대도 집중해 햇살을 모으지 않으면 종이는 타지 않는다. 어떤 마케터는 컨셉을 수립할 때 복잡하게 고민하고 복잡해야 된다고 부담을 갖는데 '컨셉은 최대한 단순해야' 한다. 일반적으로 고가의 전문품 또는 최대 관심분야를 제외하면 소비자는 너무나도 단순하게 제품을 선택할 뿐 마케터처럼 깊이 고민하지 않기 때문이다.

그렇다면 디자인에 있어서 통일성이란 무엇인가? 간혹 말도 안 되는 이야기지만 같은 제품군(패밀리브랜드)에서도 어떤 제품의 포장지는 청색, 어떤 제품의 포장지는 붉은색을 사용하여 전혀 연관성을 갖지 않는 경우가 있다. 또 일부 프랜차이즈도 자기만의 고유 특성(색상, 디자인 기본구성 등)을 살리지 않고 그때 그때 맘에 드는 컨셉(포장디자인/인쇄/판촉물 등)을 사용하는 경우도 있다.

디자인 컨셉은 통일화하는 것이 원칙이다. 색상/디자인/배열 등 모든 것이 같아야 소비자도 그중에 하나만 보고서도 "아! ㅇㅇ이구나!!"라고 인지할 수 있고, 그것이 제품 인지도를 쉽게 높이는 왕도가 된다.

물론 다음의 경우에는 같은 컨셉의 제품군이지만 부분적으로 디자인을 차별화 할 수 있다.

- 제품 모양이 유사해 진열시 같은 제품으로 오인할 수 있을 때
- 유통채널별 또는 거래처별로 차별화가 필요할 때
- 가격별로 차별화가 필요할 때
- 지역별로 차별화가 필요할 때

위의 경우 디자인시 일부의 색상 또는 약간의 배열을 바꾸어 부분적으로 차별화할 수는 있지만 기본적인 룰(양식)은 고정하여 통일성을 유지해야 한다.

시장세분화(Segment) :
시장에 나서기 전에 칼을 갈아라

신제품 개발의 컨셉을 잡는 작업에서 가장 중요한 단계가 있다. 바로 신제품 개발 전제조건이라고 불리는 STP이다. STP 전략은 4P전략을 계획하기 위한 기본적인 전제조건으로 시장에 대한 충분한 이해와 분석을 뜻한다. 즉 본격적으로 시장에 도전하기 전에 칼을 가는 과정인 셈이다. 이 STP는 다음의 3단계로 이루어진다.

STP : 신제품 개발 전제조건

시장세분화(Segment)
목표고객설정(Targeting)
자리매김(Positioning)

그렇다면 가장 먼저 시장세분화(Segment)를 필두로 STP의 3가지 단계를 살펴보도록 하겠다.

1) 시장세분화의 정의와 목적

시장세분화는 말 그대로 시장을 잘게 나누어서 목표 타겟을 정하고 신제품을 그 세부시장에 어떻게 부응하게 할 것인지를 결정하기 위한 사전 작업이라고 할 수 있다. 즉 시장세분화의 목적은 3가지로 나뉜다.

첫째, 목표시장을 설정하기 위해서다.
둘째, 목표시장의 크기(잠재적 가능성)을 검토하기 위해서다.
셋째, Targeting / Positioning / 제품전략(4P) 전략을 세우기 위해서다.

2) 시장세분화의 순서

1단계 : 소비자들에 대한 기초자료 수집

신제품을 개발하고자 할 때는 우선 해당 상품이 가진 속성들이 소비자들에게 얼마나 중요하고 어필할 수 있는가를 조사해야 한다. 그럴 때는 다음의 질문들을 던져봐야 한다.

- 해당 상품을 평가하는 기준이 되는 주요 속성은?
- 그 속성들은 소비자들에게 중요한가?
- 소비자들은 경쟁 관계에 있는 상표를 인식하고 있는가?
- 소비자들의 그 경쟁 관계에 있는 상표에 대한 평가는 어떠한가?

2단계 : 유사한 집단들을 구분해 집단 특성 추출 묘사

기초자료를 통해 비슷한 관점을 가진 소비자 집단이 발견되면 집단별로 그 특징을 추출하고 묘사하는 작업이 필요하다. 이 과정에서 던져봐야 할 기본적인 질문들은 다음과 같다.

- 세분시장의 현재 규모와 향후 성장 가능성은 있는가?
- 상품구매 및 소비패턴의 특징은 무엇인가?
- 상품구매 이유는 무엇인가?
- 기억에 남는 상품 및 상품의 특징은 무엇인가?
- 이들의 연령 · 성 · 교육 · 소득 · 직업 · 거주 지역 등 인구 통계적 특징은 무엇인가?
- 이들은 어떻게 해당 상품을 알게 되었는가?

3단계 : 세분시장들에 대한 평가

소비자 집단들로 구성된 세분시장들에 대한 집단적 특징 조사가 끝나면 이제는 보다 미래지향적인 관점에서 우리 제품이 이 시장 소비자들에게 얼마나 어필하고 판매될 수 있을지를 살펴야 한다. 이 단계에서 던질 수 있는 질문은 다음과 같다.

- **시장 성장 가능성** : 앞으로의 전망, 수요의 안정성, 부가가치, 가격의 안정성은 어떤가?
- **시장침투 가능성** : 타사대비 자사제품의 차별성 및 우월성, 타겟 접근 가능성, 유통력

3) 시장세분화 시의 주의점

이런 시장세분화를 시도할 때 몇 가지 주의점도 살펴볼 필요가 있다. 첫째는 지나치게 협소한 세분시장을 표적시장으로 선택하는 경우다. 이 경우 회사는 폭넓은 시장기회를 상실하게 됨으로써 매출과 수익이 줄어들 수 있다. 둘째, 그와 반대로 표적시장을 너무 광범위하게 선정해도 문제다. 이 경우는 마케팅 활동이 분산되어 추가 비용이 발생하게 된다.

4) 시장세분화의 활용

이 시장세분화는 다수의 목표시장을 정하고 차별화된 마케팅 전략을 수립할 때 또는 소수의 목표시장을 정하고 집중적 마케팅 전략을 수행할 때 활용된다.

닭고기 전문회사 하림의 브랜드 파워를 높이는 마케팅 수업

목표시장설정(Targeting) : 누구를 공략할 것인가?

구 분	내 용	마케팅
Targeting	• **Targeting Test 방법** -직접적 구매자/소비자 등을 통해서 제품 특징/셀링 포인트의 적합성/디자인에 대한 태도 등을 분석해야 하며 PM의 주관이 적절하게 개입되어야 함. ※ PM(Prouduct Manager): 일반적으로 제품개발 담당자 또는 관리자를 말한다.	Targets 선택 ↓ 테스트 ↓ 수정/보완 ↓ 적용

목표시장 설정이란 어떤 시장을 타겟으로 제품을 생산하고 마케팅할 것인가를 살펴보는 일이다. 목표시장 설정에는 2가지 조건을 고려해야 한다. 첫째는 제품의 맛과 디자인, 유통경로 등의 특성이 어

울리는 고객을 찾는 것이며, 둘째는 시장잠재력(소비력 → 구매력)이 있는 소비자를 찾는 것이다.

그런데 이런 타겟팅도 결코 무분별하게 이루어져서는 안 된다. 이와 관련해 나의 표현인 '따발총 마케팅' 이라는 것을 보자. 예전 전쟁 영화를 보면 북한군인들이 소위 따발총이라는 동그란 손잡이가 있는 연발소총을 들고 나오는 것을 볼 수 있다. 이 무기는 연달아 총을 쏠 수 있어 아군에게 큰 위협이 되었지만 정확한 조준이 불가능하다는 치명적인 단점이 있었다. 게다가 조준을 제대로 할 수 없으니 오히려 총알만 낭비하는 결과가 나왔다.

마케팅도 마찬가지다. 마케팅에서 따발총처럼 타겟도 제대로 잡지 않고 마구 쏘게 되면 비용(총알)만 낭비한 채 적에게 먼저 죽는 신세가 될 것이다. 세월이 흘러 더 좋은 신무기가 많이 나온 이상 구시대의 따발총 마케팅은 더 이상 큰 효력이 없다. 그보다는 타겟팅이 확실한 국산 K2 소총 저격수 마케터가 훨씬 필요한 시대라는 의미다.

그렇다면 어떻게 하면 정확한 소총 저격수와 같은 마케팅을 구사할 수 있을까? 이 부분에서 주의해야 할 점이 바로 구매자(Buyer)와 실사용자(User)의 구분이다. 즉 목표를 구매자(Buyer)에게 둘 것인가, 실사용자(User)에게 둘 것인가를 잘 결정해야 한다. 이때는 어느 쪽이 구매 영향력이 더 큰가를 평가해야 하는데, 주로 중·고관여 제품일 경우 실사용자(User)의 영향력이, 저관여의 제품일 경우 구매자

(Buyer)의 영향력이 더 크게 작용하게 된다. 앞에서 보았던 승영이의 연애 전략도 바로 이와 관련해 있다.

1) 구매자(Buyer)와 실사용자(User)

우리가 일반적으로 지칭하는 소비자(Consumer)는 사실상 크게 구매자(Buyer)와 실사용자(User)로 다시 나누어 살펴야 한다. 여기서 구매자란 재화를 직접적으로 구매하는 주체를 의미하며, 실사용자란 재화를 직접적으로 사용하는 주체를 말한다. 이는 자신을 위한 것, 또는 남을 위한 것으로 나눌 수 있는데 물건 구매가 오직 자신을 위한 것이라면 '구매자=실사용자' 등식이 이루어지지만 가족 등 타인을 위한 것이라면 '구매자≠실사용자'의 부등호가 성립된다. 따라서 마케터도 타겟을 정할 때 이 둘의 관계를 제대로 이해해야만 한다.

● 구매자=실사용자일 때

이럴 시에는 타겟팅하기가 쉬워지고 타겟의 속성 또한 옳게 추정할 수 있다. 예를 들어 여자 화장품을 들 수 있는데, 여성용 화장품은 여성이라는 정확한 타겟이 있을 뿐더러 많은 여성들이 자신에게 걸맞은 컬러 등을 고려해 직접 화장품을 구매하기 때문이다.

● 구매자≠실사용자일 때

이 경우에는 구매 영향력을 분석한 뒤 최종 결정을 내리되 그것이 긍정적 사례인지 부정적 사례인지를 선행해서 분석해야 한다. 만약 '구매자의 구매영향력(Power) 〉실사용자의 구매영향력(Power)' 이라면 당연히 구매자를 타겟팅해야 하며, 반대의 경우라면 실사용자를 타겟팅해야 한다.

- 구매자의 Power > 실사용자의 Power

긍정적 사례로는 남성화장품이 있다. 요즘은 남자들도 화장품 구매를 하지만 아직도 대부분은 주부나 여자친구, 여동생 등이 남편, 남자친구, 남자 형제를 위해 구매하는 경우가 많다. 따라서 여기서는 실사용자보다는 구매자를 타겟팅하는 것이 바람직하다. 반면에 부정적 사례로는 불량식품을 들 수 있는데, 이 불량식품의 경우는 어린이가 실사용자이지만, 사달라고 해도 구매자인 엄마가 사주지 않는다.

- 구매자의 Power < 실사용자의 Power

긍정적 사례로는 초등학생 캐릭터 신발이 있다. 구매자는 엄마지만 신발을 살 때 실사용자인 어린아이가 엄마에게 "ㅇㅇ제품 ㅇㅇ색으로 사주세요"라고 요구하는 경우가 있다. 이 경우는 실사용자를 타겟팅해야 한다.

부정적 사례로는 어린이 약이 있다. 이 제품은 어린이(실사용자)가 잘 먹을 수 있는 단맛이어야 하지만 엄마(구매자)가 쓴맛을 구매할 경우 실사용자의 파워(쓴 약은 안 먹으려 하는 경우)가 더 강해도 결국 구매자가 구매(억지로 먹임)하게 된다.

2) 고정적 소비자와 뜨내기 소비자

많은 이들이 점포를 오픈할 때 가게를 스쳐지나가는 유동인구의 흐름을 유심히 보는 경향이 많다. 그리고 유동인구가 많으면 사업의 전망이 좋을 것이라고 예측한다. 그러나 단순히 지나가는 사람이 많다고 성공할 수 있을까?

유동인구는 크게 고정적 유동인구와 임시적 유동인구로 구분된다. 예를 들어 아파트 주변의 상가 앞을 오가는 유동인구를 고정적 유동인구라고 한다면, 임시적 유동인구란 고속도로 휴게소 또는 기차역에서의 유동인구를 의미한다. 그렇다면 이 중에 어떤 유동인구가 사업에 더 유리한 영향을 미칠까?

일반적으로는 임시적 유동인구가 사업에 더 도움이 된다. 이런 유동인구가 많이 오가는 곳은 꾸준한 변신이나 품목 다양화의 압박이 덜하며, 불친절하더라도 어차피 뜨내기들이라 큰 문제가 되지 않는다. 예를 들어 천안휴게소의 유명한 호두과자를 보자. 이 과자는 어쩌다 한번 먹거나 구매하는 것일 뿐이다. 그런데 아파트 앞에서 매일

이 호두과자 한 가지 품목만 판다면 어떻게 될까? 뜨네기형 유동인구 많거나 초대형 단지가 아닌 이상 아마 그 큰 아파트 단지에서 호두과자를 유난히 좋아하는 몇몇 단골이 전부일 것이다.

고정적 유동인구가 많은 곳에서는 제품의 변화가 필요하다. 즉 다양한 제품 회전과 변형이 꾸준히 이루어질 수 있는 의류 등의 패션품목 또는 선매품이 적당하다. 반대로 임시적 유동인구가 많은 곳은 한정된 품목 또는 충동구매 품목을 파는 것도 가능하다.

5

자리매김(Positioning) : 자리를 잡았다면 깃발을 꽂아라

단적으로 말하자면 마케팅의 STP(Segments, Targeting, Positioning), 그리고 보다 세부적인 단계인 4P(Product, Price, Place, Promotion)를 통틀어 가장 중요한 것이 바로 이 포지셔닝이다. 그런데 안타까운 것은 대부분의 마케터들이 이 포지셔닝의 중요성을 잘 모르거나 간과하고 있다는 점이다.

사실 이 포지셔닝은 정확한 정의를 내리기가 쉽지 않다. 여기서는 작은 사례 하나를 들어보도록 하겠다. 아마도 다들 학교를 다니던 시절 미팅 자리에 안 나가본 사람이 드물 것이다. 그렇게 미팅 자리에 나가기 전에 '상대방에게 나를 어떤 이미지로 각인시킬 것인가'를 자연스럽게 고민해 보았을 것이다. 모범생처럼 보일 것인지, 지적으로 보일 것인지, 터프하게 또는 활동적으로 보일 것인지 등등 말이다. 특히 상대가 마음에 들 경우는 더더욱 자기 모습을 어떻게 연출할까 고민하게 된다.

이 모든 것이 바로 포지셔닝이다. 제품으로 치자면 하나의 신제품을 소비자에게 어떤 제품으로 인식시킬 것인지 하는 일이 된다. 다만 미팅 자리에서는 긍정적이건 다소 부정적이건 상대에게 내 모습을 강하게 인식시키는 것이 중요하다. 그래야만 상대도 나를 오래 기억하게 되고 눈길을 주기 때문이다.

그러나 마케팅의 포지셔닝은 조금 다르다. 어떻게든 긍정적 포지셔닝을 취해야 하며, (간혹 부정적인 포지셔닝을 취하는 디마케팅(Demarketing)도 존재하지만) 결과적으로는 소비자의 구매욕을 자극시키는 것이어야 한다. 흔히 미팅 자리에서 "아, 저 사람은 색깔이 뚜렷한 사람 같아." 하고 생각하게 되는데 마케팅에서 훌륭한 포지셔닝이 된 제품도 마찬가지다. 첫 대면을 하는 순간 "아, 정말 색깔이 뚜렷한 제품"이라는 인식을 주어야 한다.

1) 초점의 법칙을 기억하라

마케팅을 대할 때 한 가지 중요한 원칙을 알아둘 필요가 있다. 마케팅은 누가 먼저 상품을 내놓고 마케팅을 하는가의 싸움이 아니라, 강렬한 기억의 침투를 통해 얼마나 큰 인지도를 불러올 수 있는가의 싸움이다. 다시 말해 시장에 먼저 들어가기보다는 소비자들의 기억 속에 먼저 그리고 뚜렷하게 인식되어야 한다. 바로 여기에서 포지셔닝의 중요성이 발생한다. 다시 말해 잠재고객의 기억 속에 한 단어나 이미지를 집중적으로 심는 것이 중요한데, 이때 많은 것들을 기억시키려다 보면 오히려 실패하는 경우가 많다. 다시 말해 중요한 초점을 잡고 그것을 위주로 강렬하게 포지셔닝해야 한다. 예를 들어 타제품이 이미 심어놓은 단어를 내 제품을 위한 마케팅 용어로 사용하면 오히려 경쟁사의 매출만 증대된다. 이미 그 단어는 경쟁사 제품의 초점을 부각시키는 단어로서 고객들의 머릿속에 각인되었기 때문이다.

한 예로 하림에서 '하얀속살' 이라는 패밀리 브랜드로 '밥 싸먹는 슬라이스 햄' 을 출시한 바 있다. 이 제품은 새로운 용도 제시로 호응도가 아주 높았는데 만일 다른 회사에서 같은 용도인 '밥 싸먹는 슬라이스 햄' 을 출시했다면 '하얀속살 슬라이스햄' 의 매출만 더 올라갔을 수도 있다. 물론 이 경우 새로운 용도에 대한 공동 마케팅으로 시장은 더 커졌을 것이다.

2) 셀링포인트를 기억하라

훌륭한 포지셔닝을 위해서는 적합한 셀링포인트를 찾는 것이 중요한데, 이렇게 셀링포인트를 선정할 때는 주의점이 있다. 첫째, 소비자가 모든 제품을 찾아보고 하나하나의 셀링포인트를 자세히 읽을 것이라고 기대하지 말아야 한다. 소비자들은 수많은 동종 제품의 홍수에서 허우적댄다. 그 안에서 직관적으로 마음에 드는 것을 골라잡게 마련이다. 둘째, 핵심적인 요점을 직설적으로 제시해야 한다. 시가 그렇듯이 강렬한 것은 짧고 부연설명이 없다. 셋째, 비슷한 말의 중복을 피해야 한다. 넷째, '최고, 고품질' 등등 일반적이고 평범한 내용은 피해야 한다.

셀링포인트 선정 및 표현할 때 마케터가 흔하게 범하는 오류가 있다. 마케터는 일단 신제품이 나오면 어떻게든 셀링포인트를 만들기는 한다. 문제는 그 셀링포인트가 타겟에 유효하지 않고 애매한 표현을 쓰거나 포장지를 포함한 인쇄물에 잘 보이지 않게 디자인하는 경우이다. 셀링포인트는 목표타겟에 유효해야 한다. 소비자는 머리가 가려운데 발바닥을 긁고 있어야 하겠는가? 표현이 명확하고 간결해야 한다. 애매하거나 어려운 표현을 사용해서는 안 된다. 포장지를 포함한 인쇄물에 크고 잘 보이게 표현하여 소비자가 이를 보고 호기심 또는 호감을 갖도록 해야 한다.

3) 차별화를 위한 구체적인 조건

차별화는 동종 제품의 홍수에서 내 제품을 부각시키는 가장 중요한 변수다. 일반적으로 소비자는 제품의 성능, 용도, 편리성, 가격, 디자인, 포장 방법, 서비스 등에서 새로운 느낌을 받는데, 이와 같은 새로운 느낌을 주기 위해서는 강한 차별화가 필요하다. 그리고 이 강한 차별화를 위해서는 다음 몇 가지 법칙을 반드시 기억할 필요가 있다.

① 이 차별화가 소비자들에게 중요한 의미가 있는가?
② 차별화 내용이 확연하게 드러나는가?
③ 타사와 비교 시 차이가 있는가?
④ 차이점을 쉽게 표현 가능한가?
⑤ 남들이 쉽게 따라할 수 있는 차별화는 아닌가?
⑥ 자체 능력으로 소화할 수 있는 차별화 컨셉인가?

나아가 시장 상황마다 차별화 전략도 달라져야 한다. 만일 경쟁이 심하고 성숙기에 있는 시장이나 1위 제품의 시장점유율이 높을 경우에는 차별화의 강도가 더욱 강해져야 한다. 대강 해서는 결코 소비자들의 마음을 사로잡을 수 없기 때문이다.

이러한 차별화를 강하게 알리기 위해서는 비용이 많이 드는 만큼 프로모션 비용에 대한 적절한 판단이 필요하다. 반면 아직 경쟁이 본격화되지 않은 도입기/성장기에 있는 시장이라면, 차별화보다는 'ME TOO' 제품으로 승부해야 한다.

이때는 프로모션 비용이 시장점유율을 좌우하게 된다. 소비자가 느끼는 차별화 요소는 제품의 성능/효능, 품질, 용도, 편리성, 가격, 디자인, 브랜드, 포장방식, 유통, 광고, 기업이미지, 서비스 등이 있다.

4) 고정관념을 버려라

간혹 주변 마케터들을 보면 마케터 스스로 컨셉의 딜레마를 만드는 경우가 있다. 대부분 그런 딜레마는 고정관념에서 생겨난다. 이를테면 광고를 찍을 때 기용하는 모델은 무조건 예뻐야 한다든지, 리모콘은 기능이 많아야 한다든지, 핸드폰은 무조건 작아야 한다고 생각한다.

그러나 오히려 예쁘지 않은 모델들의 특성을 살려 성공한 광고도 얼마든지 많을 뿐더러, 리모콘 기능을 제대로 외우는 사람은 극히 드물다. 나아가 노인들의 경우 글자가 큰 핸드폰을 선호한다. 마케터는 스스로의 틀을 깨지 못하는 이상 훌륭한 발전을 이룰 수 없음을 항상 기억해야 한다.

5) 욕심을 버려라

포지셔닝 단계에서 마케터가 욕심을 지나치게 부리는 것도 문제가 된다. 물론 마케터라면 신제품이든 일반 마케팅 기획이든 하나라도 더 장점을 찾고 싶고, 더 알리고 싶은 게 당연하다.

하지만 이런 욕심에 빠져서 정작 뭐가 중요한지 큰 흐름을 간과하는 경우가 적지 않다. 드라마 『대장금』에서 어린 장금이가 이렇게 말하는 대사가 나온다. "감 맛이 나는 걸 감 맛이 난다고 했을 뿐인데…." 컨셉도 마찬가지다. 좋은 컨셉은 덧붙인 치장 없이 간략하고 의미 전달이 명확해야 한다. 자칫 논리의 늪에 빠져서 내용만 많고 실속은 없는 컨셉이 나오는 등 마케터의 욕심 때문에 배가 산으로 가는 것은 피해야 한다.

사실 담당자 입장에서는 이를 놓치기 쉬운 만큼 마케팅 팀장 정도의 관리자가 이 부분을 적절히 짚어줄 수 있어야 한다. 셀링포인트는 대표적인 것 1개를 포함해 많아야 2~3개가 적당하다. 마케터의 욕심으로 너무 많은 이야기를 해서는 안 된다. 소비자는 자신이 관심 있어 하는 몇 가지만 기억하는데 너무 많은 셀링포인트로 집중력을 분산시켜서는 안 된다.

예전에 직원이 제품기획서 컨펌을 하러 온 일이 있었다. 파워포인트 몇십 장 분량의 고민한 흔적이 너무나 많은 계획이었는데, 나의 대답은 미안하지만 너무 단순했다.

"도대체 자네가 하고 싶은 말이 뭔가?"

6) 컨셉과 타겟의 연관성을 고려하라

포지셔닝에서의 제품 컨셉은 마케터를 위한 것이 아니다. 무조건 타겟(User)의 수준에 맞춰야 한다. 예를 들어 개 사료를 만드는 개발자는 개 사료를 직접 먹어본다. 그는 개의 입장에서 생각하고 맛을 보아야 하기 때문이다. 또한 여성 속옷을 만드는 남자 개발자 중의 많은 수가 여성 속옷을 직접 입고 일상생활까지 한다.

이처럼 컨셉은 어디까지나 타겟의 수준을 고려해야 한다. 한 예로 어린이 과자에 건강 지향 문구를 삽입하는 것은 뜬금없는 행동과 다름없다. 어린이들은 건강 지향이 무엇인지 알 리 없다. 부모가 건강에 좋다고 아무리 사라고 해도 그 어린아이는 용돈을 받으면 그 과자를 구매하지 않는다. 자기 구미에 맞고 자신이 좋아하는 컨셉을 가진 과자가 따로 있기 때문이다.

닭고기 전문회사 하림의 브랜드 파워를 높이는 마케팅 수업

·6

잘 되는 신상품은 떡잎부터 다르다

흔히 신상품 하면 막대한 투자, 새로운 기술을 생각하는 이들이 많다. 물론 품질이 중요하고 제품 다양성이 부족했던 옛날에는 그랬을 것이다. 하지만 이제 시대가 달라졌다. 이 시대의 신상품이란 '얼마나 소비자들의 눈에 새롭게 보이느냐' 이다.

그렇다면 신제품의 성공을 50% 이상 보장할 수 있는 방법은 없을까? 물론 있다. 안 되는 제품에 막대한 자원과 에너지를 낭비하는 대신 '처음부터 될 제품을 만들고 투자' 하는 것이다. 이것이야말로 가장 쉽고 중요한 신제품 성공의 원칙이지만 현실적으로 가장 어려운 부분이기도 하다.

그러나 만일 떡잎이 별로인 신제품을 성공시키는 건 바늘구멍에 낙타 지나가기다. 솔직히 말해 담당자가 아무리 발버둥쳐도 불가능

한 일이다. 그렇다면 신제품 성공을 위해서는 어떤 원칙들을 알아야
할까?

1) 경영진을 내 편으로 만들어라

처음부터 될 만한 신상품을 만들려면 어디까지나 경영진의 의지가
뒷받침되어야 하는데, 경영진에게 의도를 잘 설명·설득하여 내 편
으로 만드는 것도 마케터의 능력이다. 실제로 대부분의 성공한 신제
품은 경영진에게서 나오는데, 이는 경영진이 그 만큼 그 제품에 관심
을 갖고 지원해 주기 때문이다.

현재 하림그룹 계육 부문 총괄 사장님으로 계시는 이문용 사장님
께 신제품을 가지고 가서 "총괄사장님 이거 잘 될 것 같습니다. 한번
믿어 주십시오" 라고 하면 그분은 항상 이렇게 대답하신다. "그래?
그럴 것 같군. 한번 잘 해봐."

물론 마케터가 자신이 있기 때문에 그렇게 말한 것도 있지만, 실제
로 이분은 많은 부분에서 마케터의 편이 되어주셨고 그중에 많은 제
품이 성공하였다. 상황에 따라 다르겠지만 경영진을 내편으로 만들
거나 설득할 수 있는 자신감과 논리는 항상 준비해두는 것이 좋다.

한편, 벌거벗은 임금님 이야기와 비슷한 상황이 많은 조직에서 벌
어지기도 한다. 경영진이 어떤 제품 안을 내놓았을 때, 그것이 충분히

해볼 만한 것이라면 좋지만 그렇지 않을 경우 가능성이 부족하다고 지적하면 불신만 남게 된다. 임금님이 벌거벗었다고 말하면 정직하지 않다고 낙인찍히는 동화 속 이야기가 현실에서도 벌어지는 것이다.

하지만 조직이 제대로 된 신상품을 내놓기 위해서는 모든 것을 솔직하게 말할 수 있는 이도 필요하다. 그러나 어쨌든 경영진이 보는 시각은 마케터보다 훨씬 크고 넓다. 이런 경우 마케터의 역할은 안된다고 부정적으로 접근하지 말고 '되는 방법'을 찾는 것이다.

2) 신제품 출시 목적을 정확히 하라

신제품이 성공하기 위한 또 하나의 조건은 기업의 제반 환경과 시장 상황, 신제품에 대한 요구 등을 고려하고 그 신제품의 출시 목적을 정확히 해야 한다는 것이다.

시기마다 하나씩 내니까 어쩔 수 없다는 식의 의무적인 제품 출시, '그냥 해보는 거지. 뭐⋯' 등의 생각은 신제품의 실패를 예견하는 것과 다름없다. 즉 신제품을 출시할 때는 그것을 내야 하는 중요한 목적과 이유가 반드시 있어야 하며, 신제품 하나에 투입되는 여러 비용(인건비/설비/포장자재 등)도 충분히 고려해야 한다. 다음은 신제품을 출시할 때 목적들이다.

① 대박을 터뜨리기 위해 : 생각 없이 낸 신제품이 운 좋게 대박 나는 경우도 가끔은 있다. 그러나 대박이라는 자신감이 없다면 출시하지 않는 편이 낫다.

② 타사를 견제하고 방어하기 위해서 : 경쟁사가 우리 영역을 침범하였을 경우 자리를 지키기 위해서는 신제품의 출시가 필요하다. 이 경우는 방어하다가 경쟁사 제품과 함께 장렬히 전사하는 경우가 많다.

③ 기타 : 영업 일선에서의 요청이나 원료 소진을 위해 신제품을 개발하기도 한다.

3) 기존 제품으로 신제품을 낸 것 같은 효과를 누려라

신제품 개발은 기업 활동에 있어 빼놓을 수 없는 중요한 사업이지만 이미 성숙기에 있어 매출이 한계에 이른 상품을 확대시키는 것도 신제품을 출시하는 것만큼 중요하다. 다음은 앞서 한번 언급한 기존 상품의 매출 확대를 위한 몇 가지 전략이다. 다시 한 번 숙지하도록 하자.

① 소비량을 늘리는 방법 (광고 시 치약을 칫솔 가득히 짜는 모습을 연출하거나 치약이 나오는 구멍을 크게 제작하여 사용량을 증대시킨다)

② 자주 사용하게 하는 방법 (1일 3번 양치질을 캠페인한다)

③ 새로운 사용 기회를 제공하는 방법 (치약으로 은반지를 닦는 방법 등 새로운 활용 방법을 제시한다)

④ 공동사용을 개별사용으로 전환시키는 방법 (어린이용 치약 개발)

4) 신제품 개발 원칙인 4P를 반드시 지켜라

상품력이란 흔히 팔리는 힘(제품력)에 파는 힘(판매력=유통 능력)을 곱해서 평가한다. 즉 제품은 당연히 좋아야 하겠지만 제품이 아무리 좋다고 해도 유통 능력이 없으면 그 제품은 성공할 수 없다.

다시 말해 제품이 많이 팔리기 위해서는 좋은 제품을 많이 깔아야(분포율을 높여야) 한다. 제품만큼 중요한 것이 바로 파는 힘인 것이다. 이런 상품력을 높이려면 반드시 몇 가지 원칙을 지켜야 하는데, 그 중에서도 중요한 것이 모든 신제품 출시 시에 지켜야 할 4P의 원칙이다.

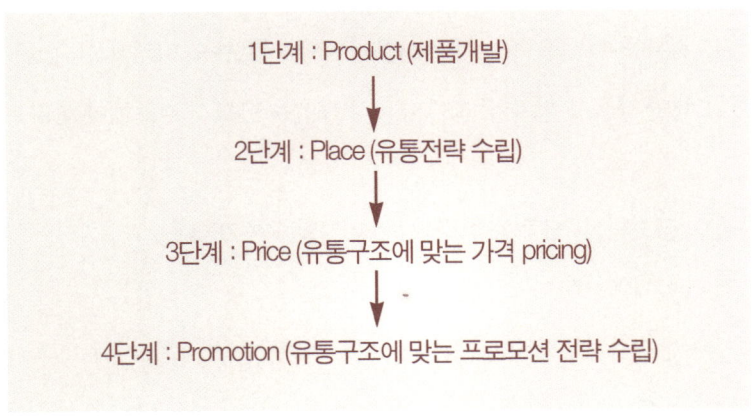

1단계 : Product (제품개발)

2단계 : Place (유통전략 수립)

3단계 : Price (유통구조에 맞는 가격 pricing)

4단계 : Promotion (유통구조에 맞는 프로모션 전략 수립)

신제품개발 과정은 4P의 1단계인 Product에 해당되며 다음과 같은 개발과정을 거친다.

〈신제품 개발 Flow〉

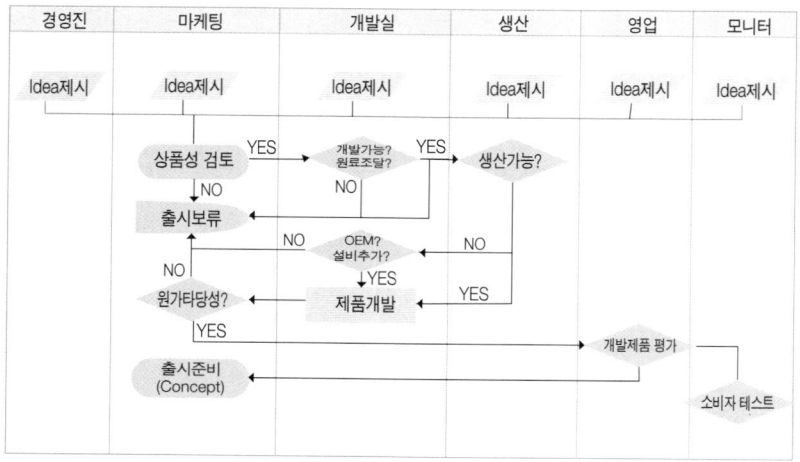

이때 담당 PM은 거래처나 소비자가 이 제품을 왜 써야 하는지 당위성을 제시할 수 있을 정도의 자신감과 제품 정보를 겸비해야 한다. 나아가 개발 제품을 평가할 때는 다음의 요인을 반드시 검토해야 한다.

① 시장 가능성 : 시장 성장 가능성, 소비자의 수용 가능성

② 개발/대량생산 가능성 : 설비 및 원료 조달 외

③ 유통 가능성 : 자신의 유통능력 고려

④ 수익성

신제품 아이디어를 추출하려고 하면 대부분 동종품목 시장조사만 해야 한다고 생각을 한다. 하지만 동종품목에서만 시장조사를 하면 결코 차별화되거나 경쟁자보다 앞선 제품 아이디어를 내지 못한다. 신제품 아이디어를 위한 시장조사는 동종 품목은 물론 유사품목 및 전혀 다른 품목에서도 이루어져야 한다. 하다못해 디자인 컨셉, 포장 방식 등 쉽게 벤치마킹 할 수 있는 방법도 찾을 수 있기 때문이다.

하림에서 출시한 치킨米를 보면 쌀가루를 닭고기에 입힌 제품으로 쌀과자에서 아이디어를 얻은 제품이다. 이 제품은 나중에 하림에서 생산한 쌀팍치킨 개발까지 연결되어 롯데리아에서 큰 히트제품이 되었다. 그러나 이렇게 꼼꼼하게 진행한 신제품 전략이 실패하는 경우도 있는데 거기에는 복잡한 이유들이 존재한다. 신제품이 실패했을 때 그것을 그냥 넘기지 말고 철저히 분석할 필요가 있다. 대체로 신제품 실패의 요인들은 다음과 같다.

① 제품력의 한계, 컨셉 실패, 차별성 부족, 품질 문제

② 마케팅 전략 실패

③ 경영층의 무관심, 비용투자에 대한 약한 의지

④ 타이밍이 맞지 않는 비성수기 출시

⑤ 조직 내 불화로 인한 조직의 응집력 · 집중력 부족

⑥ 경쟁기업의 발빠른 대처

⑦ 소비자 행동의 변화

⑧ 신제품 도입 지역의 한계

⑨ 유통력(판매력)의 한계

⑩ 영업사원 교육의 부족

⑪ 영업의 약한 판매 의욕

⑫ 경기 추세의 하락

⑬ 프로모션 예산의 부족 (이 경우 주어진 예산에서 방법을 찾는 것도 마
케터의 역할이다)

⑭ 자사 기존 제품과의 관계성 (카니발리제이션 등)

Product 1(네이밍) :
제품에 어떤 이름을 붙여줄 것인가?

우리가 앞서 살펴본 브랜드 전략과 비슷한 것이 바로 신제품 네이밍이다. 네이밍은 말 그대로 신제품에 이름을 붙여주는 단계다. 아마 대부분의 사람들은 한 사람의 소비자로서 제품의 이름이 얼마나 중요한 역할을 하는지 평소 절감해 왔다.

즉 제품에 어떤 이름을 얼마나 적합하게 붙여주는가가 제품 성공에 큰 역할을 하는 것이다. 지금부터 네이밍에 필요한 기본적 소양들을 하나씩 살펴보도록 하자.

1) 기본적인 네이밍 방법

네이밍은 단순히 이름만 짓는 것이 아니라 상황과 제품에 따른 전략이 필요하다. 다음은 기본적인 네이밍 요령들을 열거한 것인데 이전에 설명하였던 브랜드 전략과도 유사하다.

① 개별 네이밍 : 제품마다 독자적으로 네이밍하는 방법

② 패밀리브랜드를 이용한 네이밍 : 제품라인이나 특성 또는 유통경로별로 같은 브랜드를 사용하는 방법. 이 경우 패밀리브랜드에 일반 보통명사가 붙는 것이 일반적이다. 이 경우 요즘 많이 사용하는 네이밍 방법이다.

③ 병용 네이밍 (회사명 또는 母브랜드+子브랜드) : 모든 상품에 회사명 또는 母브랜드에 개개의 상품별 브랜드를 붙여 사용하는 방법이다. 하림의 「하림 용가리치킨」을 생각하면 된다.

④ 설명적 네이밍 : 신제품의 특징을 효과적으로 알리기 위해 그 제품의 차별화된 특성을 설명하는 네이밍 전략이다. 「김 대신 밥 싸먹는 하얀속살 슬라이스햄」을 생각하면 쉽게 이해가 갈 것이다.

⑤ 다변화 네이밍 : 동일한 제품 또는 제품군에 두 가지 이상의 브랜드를 사용하는 전략이다. 이는 같은 경우는 유통경로별로 브랜드를 달리해 가격 혼란을 방지하기 위해서이기도 하고, 다른 제품(브랜드)에 피해를 주지 않고 재고 처분이 필요할 때도 사용된다.

⑥ 버전형 네이밍 : 기술 집약적 또는 IT품목의 경우 기존브랜드에 업그레이드 느낌을 주는 버전형태를 사용하기도 한다. 이 경우 기존브랜드를 사용함으로써 마케팅 비용을 줄일 수 있고 초기제품이 성공적이어서 소비자가

만족하였다면 소비자는 신제품이 그 이상 더 좋아졌을 것이라는 기대감을 갖게된다. 이 경우 단순 리뉴얼하는 경우도 있지만 완전 신제품에 동일 브랜드를 사용하기도 한다.

ex) 쏘나타 Ⅰ Ⅱ EF NF YF, Cannon 300D 350D 400D 450D, MS윈도우 1.0 2.0 3.0…98 2000 me XP 비스타

네이밍 우산효과란?

하나의 대표 브랜드에 보조 브랜드를 개발함으로써 브랜드 간에 모자관계를 형성하는 효과를 얻는 것을 말한다. (예 : 슬림닭가슴살, 슬림닭가슴살 카나페, 슬림닭가슴살 라이트)

네거티브 어프로치(Negative Approach) 네이밍이란?

부정적으로 해석되는 이름을 붙여 더 강렬한 인상을 구축하는 네이밍의 한 방법이다. (예: 'Poision(독약)' 이라는 향수 이름)

2) 소비자의 관여 수준에 따른 네이밍 전략

위의 기본전략과는 또 다른 구분으로 기획하는 전략도 있다. 바로 소비자의 관여 수준에 따른 전략이다.

고관여 상품은 자동차, 가구, 전자제품, 보석, 주택 등 소비자가 제품을 구입할 때 적극적으로 정보를 구하고, 상품을 잘못 선택하면 손실이 큰 상품들을 가리킨다.

저관여 상품은 과자, 라면, 음료수 등과 같은 간단한 식품류나 세제, 샴푸 등 소비자가 실용적인 이유로 제품을 구입하지만 상품을 구입할 때 많은 정보를 구하지 않고 습관적으로 구매하는 상품을 뜻한다. 그리고 바로 이 소비자 관여도에 따라서도 전략에 차이가 나게 된다.

① 저관여 상품 : 소비자들이 일상적으로 쉽게 집어드는 저관여 상품은 수동적 반복, 브랜드 친숙도 등으로 구매 결정이 이루어지는 만큼 그 이름도 순간적인 회상이 쉽고, 기억하기 쉬워야 한다. 즉 짧을수록 유리하고 차별화가 되어야 한다. 이 경우는 브랜드 이미지보다 인지도가 더 중요하고, 최초 상기 주력해야 한다.

② 고관여 상품 : 소비자들은 고민해서 구매하는 제품과 관련해서는 브랜드 신뢰도를 고려하게 된다. 즉 이미지가 중요하므로 개별 브

랜드보다 패밀리브랜드 또는 기업 이미지가 중요하고, 네이밍 전략은 장기적인 관점에서 접근해야 한다.

치킨가맹사업은 저관여 상품

우리가 쉽게 배달시켜 먹는 후라이드치킨은 쉽게 구할 수 있고 경쟁이 심한 저관여 상품이다. 그러나 프랜차이즈 즉, 가맹사업의 경우는 조금 다르다.

이때는 상품에 대해 두 가지 차원에서 생각해야 한다. 예를 들어 치킨 체인점에서 구입하는 후라이드치킨은 소비자 입장에서는 저관여 상품이다. 하지만 가맹사업을 하고자 하는 예비점주 입장에서 이 후라이드치킨 가맹점은 고관여 대상이다. 가맹점을 차리기 위해 적게는 몇 천에서 많게는 몇 억을 투자해야 하기 때문이다. 따라서 타겟 설정 및 프로모션할 때도 이 부분을 명심하고 고려해서 전략을 짜야 한다.

3) 네이밍의 실전 요령들

사실 단번에 멋진 제품 이름을 지을 수 있는 감각이 있는 마케터는 그다지 많지 않다. 그렇다고 우연의 소산으로 멋진 이름을 기대하는 것도 무리다.

그렇지만 요즘처럼 인터넷이 발전한 세상에서는 제품 컨셉과 관련된 단어 또는 자료를 찾아 보고, 그 중에서 제품을 가장 잘 표현한 단어들을 조합해서 네이밍할 수도 있다. 다음은 네이밍 시 사용할 수 있는 기본 실전 요령들이다.

- 관련 서적에서 찾기 : 시중에서 판매되는 네이밍 책을 조사한다.
- 제품을 가장 잘 표현한 단어, 제품 특징을 잘 조합한 설명적 네이밍 : 소비자의 이해가 쉽다.
- 목표시장 공략 : 목표시장과 유사 제품명 사용
- 시장 통용 네이밍 : 일반적으로 시장에서 사용되는 제품명 사용

필자가 사용한 네이밍 요령은 다음과 같다.

- 1단계 : 서적, 인터넷에서 제품 컨셉에 맞는 단어를 찾는다.
- 2단계 : 고유단어 또는 조합한 단어를 약 10가지 정도 적은 뒤 최종적으로 3~5개로 압축한다.
- 3단계 : 특허청에 상표등록 가능성을 조사한다.
- 4단계 : 주변의 의견을 듣는다.
- 5단계 : 메모지에 적어놓고 2~3일 정도 어떤 게 부르기 쉽고

친숙하며 제품 장점을 잘 살리고 고급스러운지 등을 생각한다.

■ 6단계 : 최종안을 낸다.

이 과정을 거치다 보면 처음에는 별로였던 것이 좋아지기도 하고, 처음에는 괜찮았던 것이 싫어지기도 한다. 또한 주변 사람들의 이야기를 들어보면 마음이 변하기도 하니, 마케터란 참으로 간사한 이들이라는 걸 알겠다.

4) 다양한 네이밍 사례들

다음은 지금껏 하림에서 네이밍한 제품들이다. 이 네이밍들은 각각의 특성과 상황에 따라 원칙을 적용했다. 살펴보면 작게나마 도움이 되고 제품의 이름을 보는 안목을 기를 수 있을 것이다.

제품의 특성을 고려한 네이밍

허브스모크치킨

: 허브 가루를 뿌린 특성을 네이밍

치킨미

: 닭고기에 쌀(米)가루를 뿌렸다는

　제품의 특성 네이밍

IFF

: 'Individual Fresh Frozen'의 약자로 신선 상태에서 개별 급속냉동시켜 신선함이 살아 있고 뭉쳐서 얼어 있지 않다는 특징의 제품이다. 제품특징 설명 치고는 상당히 어렵다. 하지만 특정 시장(급식 영양사 공략)을 타겟으로 했으므어려운 용어임에도 성공할 수 있었다.

제품의 용도를 고려한 설명형 네이밍

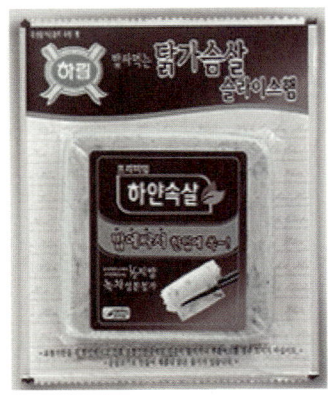

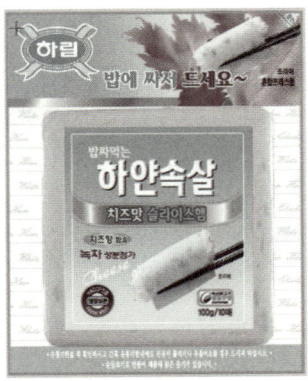

김 대신 밥싸먹는 하얀속살 슬라이스햄 : 밥 싸먹는 용도를 설명

보통명사 네이밍

후라이드치킨

: 일반적인 보통명사를 네이밍

목표시장 공략을 위한 네이밍

참치킨 : 참치캔이라는 목표시장을 공략한 네이밍

타겟공략을 위한 네이밍

용가리치킨

: 어린이 타겟을 위한 네이밍 및 디자인(캐릭터)

원료특성 + 기능성 네이밍

슬림 닭가슴살

: 닭가슴살이라는 원료육 + 닭가슴살의
저지방 특성을 이용한 다이어트 기능을
상품명으로 사용

합성 네이밍

콘도그

: 옥수수(Corn) + 핫도그, 옥수수 가루를 사용했다는 점에서 기존 제품과 차별성을 부각

프리미엄 가치 / 리뉴얼 네이밍

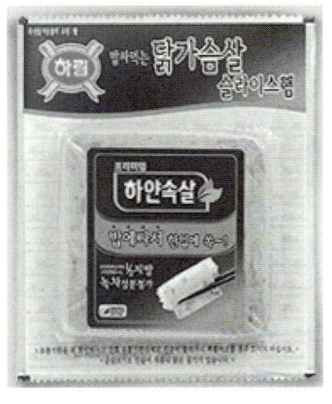

프리미엄 하얀속살햄

: 기존 하얀속살햄과 유통채널을 차별화 하고 고급화 및 리뉴얼하기 위해 '프리미엄' 이라는 단어를 사용하였다. 이런 경우 '프리미엄, 골드, 명품, 럭셔리, New, 슈퍼, 맥스' 등의 용어를 사용하여 기존제품보다 가치를 높여 차별화 전략으로 사용한다

자연실록 닭고기

: 네이밍에 한문(實綠)을 사용하여 기존제품 보다 고급화 느낌을 주었다. 항생제를 사용하지 않고 엄격한 사육관리를 통해 기존 닭과 사육 부문에서 차별화한 프리미엄 브랜드 제품이다. 이 같은 프리미엄 전략은 가격인상 또는 이익률을 높이고자 할 때, 기존 제품이 식상해질 때 리뉴얼 차원에서, 유통 채널 차별화 등의 목적으로 사용되며, 대부분 기존 제품도 함께 판매하지만 간혹 장기적으로 기존 제품을 없애고 프리미엄 신제품으로 대체하기 위한 중간 과정일 때도 있다.

5) 네이밍 시 주의해야 할 사항들

사람의 이름이라면 다소 어려운 이름이라도 인상적으로 남을 수 있다. 그러나 제품 브랜드 네이밍은 특별한 경우를 제외하고서 그래서는 안 된다. 다음은 네이밍 시 반드시 인지해야 할 사항들이다. 다음의 네이밍들은 가능한 한 지양하는 것이 좋다.

① 읽거나 발음하기 어려운 이름
② 부정적인 의미가 있는 이름
③ 혼동되기 쉬운 이름
④ 법률상 문제가 있는 이름

상표권, 특허권이 힘을 발휘하는 요즘에는 타인이 선 등록한 상표를 사용했다가 낭패를 보는 경우가 많다. 네이밍 전에 법률상 문제가 없는지 반듯이 확인해야 한다. 이는 특허청 홈페이지나 변리사에게 의뢰하면 되는데, 간혹 출원중인 네이밍은 검색이 되지 않으니 주의해야 한다. 나아가 자사 제품의 네이밍이 결정되면 가장 먼저 상표등록을 해야 한다.

6) 하나의 브랜드에 여러 신제품을 출시하는 경우 마케터의 고민

"열 손가락 깨물어 안 아픈 손가락 없다."는 말이 있다. 신제품도 마찬가지다. 고생고생해서 출시한 신제품 모두가 마케터에게는 다 귀한 자식과 같을 것이다.

그러나 손가락 길이도 차이가 있듯이 신제품도 잘 팔리는 제품, 안 팔리는 제품이 생기게 마련이다. 특히나 패밀리브랜드 즉, 하나의 브랜드에 여러 신제품을 출시하면 어쩔 수 없이 잘 팔리는 제품과 안 팔리는 제품이 생겨날 수밖에 없다. 이때 마케터가 잘 팔리는 제품을 두고 안 팔리는 제품을 더 강하게 프로모션하면 결국 두 제품 모두가 실패할 확률이 높다.

이때는 과감하게 안 팔리는 쪽을 포기하고 잘 팔리는 제품에 주력해야 한다. 동물들의 세계를 생각해보자. 정글에서는 강한 새끼만이 살아남듯이 제품도 강한 제품에 주력해야 한다.

Product 2(포장) : 가장 적합한 포장이란 무엇인가?

흔히 포장은 화려해야 좋을 것처럼 느껴진다. 그러나 제품 포장은 단순히 예쁘고 화려한 것이 위주가 아니라 적절한 조건을 갖추고, 무엇보다도 제품을 돋보이게 만드는 것이어야 한다. 다음은 적합한 포장디자인에 대한 몇 가지 조건들이다.

① 셀링포인트 외 제품 특징을 충분히 표현할 것

② 디자인적으로 아름답고 세련될 것

③ 인쇄 시 문제가 없을 것 (포장재질 등)

④ BI · CI등 과 잘 어울릴 것

⑤ 기업 이미지와 잘 어울릴 것

⑥ 표기사항에 법적 문제없을 것

⑦ 기타 표현시 문제가 없을 것 (표기사항, 바코드 스캔 가능성 등)

⑧ 디자인은 가격과 어울릴 것 : 비싼 제품에 저가 이미지 디자인을 해도 문제지만 저가 제품에 고가 이미지 디자인을 해도 부정적 결과가 나올 수 있다.

⑨ 포장지는 가급적 제품을 볼 수 있는 투명창과 제품사진이 있을 것 : 소비자는 제품을 직접 눈으로 보거나 만져야지만 신뢰한다. 실제로 판촉활동 없이 단순 진열만 했을 경우 투명창과 투명창이 없는 제품의 판매는 약 30% 차이가 난다. 일반적으로 소비자는 호기심과 의구심을 갖고 있다.

할인점을 가보면 일반 공산품의 경우 포장이 뜯어져 있는 제품을 많이 볼 수 있는데 눈으로 제품을 직접 보고 만져야만 신뢰가 가는 소비자 특성 때문이다. 이러한 소비자 특성을 만족시키기 위해서 포장지는 가급적 투명창을 크게 만들어야 유리하다.

남들이 성공했다 해서 나한테도 무조건 맞는 디자인은 아니다

녹색 포장이라고 무조건 좋은 건 아니다. 한때 식품 기업들의 포장지 컬러에 녹색 바람이 분 적이 있다. 이는 제품에 신선한 이미지를 주기 위해서였다. 그런데 놀라운 것은 포장지에 녹색을 사용해서 성공한 기업은 풀무원 밖에 없다는 점이다.

어째서일까? 풀무원은 말 그대로 '풀'의 이미지가 강하다.

당연히 녹색이 어울릴 수밖에 없다. 하지만 여타 식품회사들은 솔직히 풀의 이미지와는 거리가 있다. 예를 들어 육류 제품에 녹색 포장지를 사용하는 경우가 있었는데 이는 양복에 갓을 씌운 격이었다. 실제로 이후부터는 녹색 포장지를 사용해서 성공한 제품은 거의 없다는 것이 정설이 되었다. 육류나 기타 식품은 오히려 붉은색 계통의 포장을 사용하는 것이 신선한 이미지와 식감을 돋우는 효과가 있다.

반대로 풀무원이라면 또 다르다. 만일 이 회사가 붉은색 포장지를 사용한다면 그 또한 풀무원의 고유 이미지와는 상반될 것이니 한복에 넥타이 맨 격이라고 할 수 있겠다.

1) 포장과 네이밍은 돋보이기 위한 것이다

10여 년 전인가 『여기는 콘돔카페』라는 책을 읽었다. 방문하는 손님들에게 콘돔을 무료로 나누어주면서 세간의 이목을 끌었던 카페의 이야기를 담은 책이었다. 혹자는 이것을 마케팅에 관련된 책, 또는 성(性)을 다룬 책인가 호기심으로 구입했을 것이다. 하지만 이 책은 카페 운영법을 담고 있어서 읽고 난 뒤 허탈한 웃음이 절로 나기도 했다. 그럼에도 이 책이 인상 깊게 남은 것은 이 책이 제목 하나만으로

닭고기 전문회사 하림의 브랜드 파워를 높이는 마케팅 수업

도 큰 이슈화에 성공했다는 점이다. 만일 이 책을 『카페 관리법』이라고 했다면 어떨까?

단적으로 말해 제목이나 포장 디자인은 이렇게나 중요한 것이다. 신문 또는 기타 광고를 볼 때 자극적인 장면들을 사용하는 이유도 이와 다르지 않다. 무엇보다도 제품 네이밍과 포장은 일단 사람들이 다시 한 번 볼 수 있도록 주의를 끄는 것이 목적이다. 따라서 평범한 것은 절대 통하지 않는다.

일단 튀고 다시 한 번 돌아보고 자세히 살피게 만들어야 한다. 여배우도 작정하고 띄우려면 일단 벗기지 않던가? 물건을 팔려면 첫째도 둘째도 눈길을 끌어야 한다는 것을 기억해야 한다.

2) 포장에서 호기심을 자극하는 것도 좋은 방법이다

80년대 무렵 안성기가 주연한 『성공시대』라는 영화가 있다. 이 영화는 호기심 마케팅의 좋은 사례가 된다. 영화 속에서 안성기는 신입 사원 면접에 응시했다가 뭐든지 자신에게 팔라고 요구하는 면접관에게 꽉 쥔 주먹을 내보인다. 면접관들이 지갑에 있는 돈을 건네고 그의 주먹을 산다. 그러나 안성기가 주먹을 펼쳐보니 거기에는 아무것도 없었다. 그러자 안성기는 말한다.

"여러분들은 제 상술을 산 겁니다." 근래 여성 포털 사이트 마이클

럽닷컴의 '선영아 사랑해' 라는 티저 광고가 눈에 띄느데 이 역시 호기심을 이용한 마케팅 성공 사례 중의 하나이다.

3) 포장지는 조용하지만 훌륭한 판촉영업사원이다

최근 쏟아지고 있는 제품들의 경쟁 구도의 변화는 다음의 물결을 따른다. 가격 → 품질 → 디자인이다. 따라서 소비자가 제품을 선택하게 하는 포장 디자인은 중대한 조건이 되었다. 포장지에 셀링포인트를 잘 표현하기 위해서는 다음의 몇 가지 원칙을 잘 숙지해야 한다.

① 포장지에 크게 잘 표현해야 한다.
② 호기심 / 호감을 유도할 수 있어야 한다.
③ 차별화되어야 한다.
④ 소비자가 한가하게 읽을 것이라고 기대하지 말고 요점을 직설적으로 표현하라. (단 이것은 저관여 상품에만 해당되고, 고관여 고가 제품에 대해서는 자세한 설명이 필요하다)
⑤ 비슷한 말의 중복을 피해야 한다.

4) 디자인 컨셉은 마케터에게서 나와야 한다

포장지를 포함한 디자인 기획 시 컨셉에 대해 아무런 설명도 없이 형식적인 표기사항만 디자이너에게 던져주는 마케터가 무척 많다. 디자이너는 제품기획자나 마케터가 아니다. 제품의 특성을 최대한 알고 이해하는 사람은 제품담당자다. 제품개발 컨셉뿐만 아니라 디자인 컨셉도 당연히 마케터에게서 나와야 한다.

마케터는 디자이너에게 기본적인 표기사항 외에 셀링포인트, 제품 속성, 타겟, 유통채널, 포장형태(방법), 포장재질, 프로모션 방향 등에 대해 설명하고 원하는 유사한 디자인이 있으면 제시하여야 하며, 기본적인 이미지와 사진은 어떤 컨셉으로 찍을 것인지 디자인 구성은 어떻게 할 것인지 등을 함께 논의해야 한다.

Place :
유통 전략은 어떻게 수립할 것인가?

아무리 잘 만든 제품에 포장까지 잘 했다 치더라도 남들 제품이 이미 인지도 높게 버티고 있는 유통경로나 판매망을 똑같이 사용한다면 쉽게 소비자의 눈에 들기가 어렵다. 이럴 때 필요한 전략이 바로 'Place 전략'이다.

예를 들어 음료수를 약국에서 판매한다던지, 피로회복 음료를 슈퍼에서 판매하는 것도 이 Place 전략에 속한다. 하지만 가장 좋은 방법은 타사에서 이용하는 유통경로 판매망이나 진열공간을 빼앗는 것이다. 그리고 이를 위해서는 적절한 제품력 프로모션이나 광고 등이 선행되어야 한다.

한때 대단한 히트상품이었던 비타 500의 성공 비결을 살펴보자. 솔직히 사람들은 비타 500이 다른 여타 비타민 C 드링크에 비해 얼마나 뛰어난 제품인지 가늠하기가 어렵다. 그럼에도 같은 비타민 C 드링크를 사도 비타 500을 찾는다. 기존 드링크류는 약국에서 판매하는 것이 일반적이었고, 또 관련 법규 상의 제한도 있었다. 그런데 이 틀을 깬 것이 비타 500이다.

사실 비타 500은 슈퍼, 편의점, 할인점 등등 안 파는 곳이 없을 정도이니 "자주 봐야 정든다."는 말이 틀린 소리는 아닌 것 같다. 이는 유통 채널에 대한 고정관념을 깬 보기 드문 성공사례이다. 요즘 들어 박카스가 "피로회복제는 약국에 있습니다."는 카피를 사용하고 있는데, 이는 피로회복제는 단순 음료가 아닌 약이라는 측면으로 강조한 마케팅으로서 비타 500을 겨냥한 전략일 가능성이 높아 보인다.

다시 말해 유통 채널에 대한 지배력은 제품 자체, 혹은 그 이상으로 중요할 수 있다. 따라서 제품이 받쳐주는데 소비자들의 시선을 잡기가 어렵다면 이 Place 전략에 집중적으로 관심을 쏟을 필요가 있다고 할 것이다.

Price :
적절한 가격대는 어떻게 형성되는가?

가격은 소비자들이 제품을 선택하도록 만드는 아주 중요한 소비 결정 요소이다. 이 가격이 소비에 100% 절대적인 영향을 미친다고는 할 수 없지만 이것이 판매량에 다양한 변수를 미칠 수 있는 게 사실이다. 따라서 가격 결정은 자사의 원가구조, 목표고객들의 가치평가, 경쟁자들의 상품가치와 가격을 모두 고려하여 경쟁우위를 지키면서도 가능한 이익을 최대화하도록 해야 한다.

즉 시장가격을 근거로 목표 소비자를 설정 후 원가와 비교하여 가격 결정하는 것이다. 그렇다면 이 같은 합리적 가격 결정을 하려면 어떤 점을 고려해야 할까?

1) 가격은 어떻게 결정되는가?

가격결정 방법에는 다양한 산술법이 존재한다. 다음은 그 기본이 되는 4가지 방법으로서 가격이 결정되는 데에는 다양한 요소들이 결부된다는 사실을 잘 보여주고 있다.

① 원가를 기준으로 한다 : 단위원가 + 적정이윤

② 고객을 기준으로 한다 : 이는 수요 지향적인 방법으로서 고객들의 반응을 중심으로 가격을 결정한다. 고객들의 지불능력과 지불의사가 중요한 요인이다.

③ 경쟁자를 기준으로 한다 : 경쟁 제품들과 유사하게 가격을 결정한다.

④ 심리적 가격을 기준으로 한다 :

- 세이빙 가격 결정 : 표시 가격이 1만 원이면 제품을 9,900원에 판매해 심리적으로 저렴하다는 인식을 심어준다.

- 관습적 가격 결정 : 사회적으로 통용되는 전통적 가격으로 가격을 결정하는 방법

- 고가전략 가격결정 : 가격을 바탕으로 품질을 평가하려는 경향을 염두에 두고 시가보다 높은 가격을 의도적으로 책정한다.

- 시장 침투 저가 가격 결정 방법 : 시장에 조기 침투하기 위해 상대

적 저가로 가격을 결정하는 방법이다.

2) 목표에 따라서도 가격 전략이 달라야 한다

가격결정의 가장 기본적 요소는 '매출액 - 매출원가'를 뜻하는 매출이익이다. 원가 얼마짜리의 제품을 만들어 얼마에 팔아 이익을 얼마나 남길 것인가가 관건인 셈이다. 또한 매출액만을 뜻하는 것이 바로 당기수익이다. 매출이익이 다소 적더라도 당기수익이 크면 매출이익의 부족분을 메울 수 있고, 생산에서도 단위당 고정비를 줄여 원가를 절감할 수 있다. '박리다매' 또는 '규모의 경제'가 바로 그런 형태라고 할 수 있을 것이다. 나아가 매출성장률 그 자체를 고려할 수도 있다. 다음은 이 고려사항 중에 어느 쪽을 목표하는가에 따라 달라지는 가격 전략을 정리한 것이다.

①매출이익을 극대화하려 할 때 : 고품질 고가전략을 선택한다.

②당기수익을 극대화하려 할 때 : 소품목 대량생산으로 규모의 경제를 실현할 수 있을 때 선택한다.

③매출성장률을 극대화하려 할 때 : 저가시장 침투를 위한 가격전략을 사용한다.

※유통채널/지역별로 가격을 차별화하기도 한다. 이 경우 주의할 점은 포장지 디자인 또는 브랜드를 달리해서 시장충돌을 예방하여야 한다.

모방상품의 가격전략

모방제품		가격 전략 내용
품질	가격전략	
上	上	고가품의 경우 모방제품보다 가격이 높으면 오히려 품질도 높다고 평가한다.
	中	품질은 비슷하지만 가격이 싸다는 인식을 부여할 때 사용한다.
	下	시장침투에는 유리하고, 가격 때문에 구매저항이 심했던 소비자 흡입에 유리하지만, 품질이 낮다는 오해 소지가 있다.
中	中	시장침투효과가 크지 않다. 이 경우 단순 판촉으로 경쟁할 수밖에 없다.
	下	시장침투효과가 크다.
下	下	1회성 소모품에 적합하다.

3) 고가 침투 전략도 훌륭한 대안이다

흔히 값이 싸야만 소비자들의 사랑을 받을 것이라고 생각한다. 하지만 반드시 저가여야만 시장에 쉽게 침투할 수 있는 것도 아니다. 그와 반대로 어떤 제품을 고가에 출시해도 이점은 있다. 소비자들이 품질에 믿음을 가지게 되기 때문이다. 이는 디자인과 품질의 차별화를 통해 가능한 방법으로서 특히 소비자가 소중히 생각하는 소비처일 경우 효과가 크다.

예를 들어 아기들 품목 또는 고가 제품에 수반되는 부속품, 고가 선물, 일반인 판매 목적의 전문품 등이다. 소비자들은 이런 제품일수록 고가는 품질이 좋다고 안심을 하게 된다. 단 여기에도 조건은 있다. 단발성 구매여야 한다는 점이다. 만일 반복 재구매 품목이라면 시험 사용 뒤 그 품질이 최소한 타제품보다 비슷하거나 우월해야 재구매가 이루어진다.

가격전략에도 일종의 균형 감각이 필요하다. 원가가 낮다고 무조건 저가로 판매하면 얻을 수 있는 이익을 포기하는 셈이 되고, 원가가 높다고 무조건 고가 정책을 쓰는 것도 자칫 판매부진을 불러올 수 있다. 다음은 고가전략과 저가시장 침투전략을 사용할 때 각각의 특징들을 정리한 것이다. 각각의 장점과 전략에 대해 한번 살펴보도록 하자.

고가전략과 저가시장 침투전략의 비교

고가전략 사용 배경	저가전략 사용 배경
1. 강력한 구매 욕구를 가진 구매자가 많다. 2. 원가 부담이 크다. 3. 경쟁자의 시장침입 가능성이 없다. 4. 가격이 품질 평가 수단으로 평가될 가능성이 높다. 5. 브랜드 가치가 높다. 6. 과시욕이 있는 제품이다. 　(명품은 비쌀수록 잘 팔린다.) ※ 때로는 고가전략이 훌륭한 가격차별 및 시장침투전략이 될 수 있다. ※ 고가로 시작해 할인행사 등을 통해 가격을 낮추어 소비자의 만족도를 높이기도 한다..	1. 수요의 가격 탄력성이 높다. 2. 규모의 경제효과가 크다. 3. 경험곡선(생산원가 절감)의 효과가 크다. 4. 시장에 조기정착이 필요하다. ※ 신속하게 수요를 확보하고 상품가치를 인정받은 후에 점차 단계적으로 가격을 인상해 나가는 전략을 사용한다.

하림의 닭고기는 타사에 비해 10% 이상 비싸다. 그럼에도 많은 소비자들이 꾸준히 하림 닭고기를 찾는다. 이는 하림의 브랜드 가치를 염두에 두고 실시한 고품질·고가전략으로서 초기에는 영업 부서와 거래처의 많은 저항에 부딪쳤지만 결국 소비자들로 하여금 품질과 브랜드 가치를 인정받는 데 성공했다.

실례로 하림에서 외부에 의뢰한 FGI(Focus Group Interview)에서 "가격이 비싼데도 왜 하림 제품을 구매하시죠?"라는 질문에 대부분의 소비자는 "하림이니까… (믿을 수 있습니다)"라고 답한 것만 봐도 알 수 있다.

4) 어떻게 이익률과 가격을 올릴 것인가?

가격은 기업의 이익률과 직결된다. 가격을 올리면 그 만큼 순이익이 늘 수밖에 없기 때문이다. 하지만 무작정 가격인상을 한다면 소비자의 저항을 받을 수 있다.

즉 단순 가격인상은 이익률의 상승을 목표로 한 직접적인 방법이지만, 반면에 외적인 가격을 올리지 않고도 이익률을 올릴 수 있는 방법들이 존재한다. 다음은 일반적으로 기업들이 이익률을 올리기 위해 실시하는 방법들이다.

① 단순 판매가 인상

② 제품 리뉴얼 : 포장지 개선 및 리네이밍 (기존 제품명 앞에 프리미엄,

골드, 명품, 럭셔리, 슈퍼, New, 맥스 등의 용어를 사용하여 기존

제품보다 가치를 높인 후 가격 인상한다.)

③ 고가의 신제품 출시 후 기존 제품 대체

④ 단량 변경 : 가격은 그대로 유지하되 중량만 조정

⑤ 원료 변경 : 원료 내용 또는 구성비 변경

⑥ 원가절감 : 포장비 / 생산비 외

⑦ 이익률 높은 제품으로 프로모션

⑧ 이익률 낮은 제품 프로모션 억제

⑨ 이익률 낮은 판매 채널 판매비중 낮추기(프로모션 억제)

⑩ 이익률 높은 판매채널 프로모션

⑪ 판촉활동을 통해 매출을 늘리고 단위당 고정비를 낮춰 이익률 개선

나아가 가격인상을 통해 이익률을 올리려 한다면 다음의 조건들을
반드시 기억해야 한다. 다음은 성공적인 가격인상을 위한 조건들이
다.

① 소비자가 수용할 수 있는 가격 선이어야 한다.

② 동종 품목 경쟁이 약해야 한다.

③ 대체재가 없거나 대체재 세력이 약해야 한다.

④ 정당한 사유가 있어서 논리적으로 설득시킬 수 있어야 한다.

⑤ 프로모션(판촉/광고 외)이 뒷받침되어 충격을 최소화해야 한다.

⑥ 포장디자인 / 포장방법 / 서비스 등 소비자가 느낄 수 있는 효용가치의 개선이 따라야 한다.

⑦ 1등 기업일수록 유리하다. 가격 인상의 총대는 1등 기업이 지는 게 대부분인데 2등 기업이 따라하지 않는 경우 시장지배력을 잃을 수 있는 위험이 있다.

⑧ 2등 이하 기업은 1등 기업을 따라하면 된다.

톱니효과

경제학 상에 톱니효과라는 용어가 있다. 소비의 규모가 커진 소비자는 다시 규모가 작아지기 힘들다는 이론인데, 톱니가 닳아서 틈새가 커지면 다시 작아질 수 없는 것과 비슷하다. 가격 D/C 전략도 그러하다. 죄수의 딜레마처럼 서로 가격을 인하하기 시작하면 다시는 가격을 올리기가 힘든 만큼 경쟁업체들 간에 어느 정도의 상호 이해가 필요하다.

5) 원가 상승에 어떻게 대비할 것인가?

원가 상승으로 인해 잘 팔리는 제품이 난관을 겪는 경우가 있다. 그렇다고 무턱대고 가격을 올리면 매출하락과 또 그에 따른 단위당 고정비 상승으로 큰 피해를 입기도 한다.

이 경우 판매 부진 품목이 아닌 이상, 이익이 안 난다고 함부로 생산 중단하거나 가격을 지나치게 올려 소비자들의 저항감을 사서는 안 된다. 이런 경우는 중장기적으로 타 제품(이익률 높은 제품 또는 신제품)으로 대체하거나 생산량을 늘려 단위당 고정비를 절감하는 방식으로 대응하는 편이 현명하다.

〈원가상승에 대한 대응 Flow〉

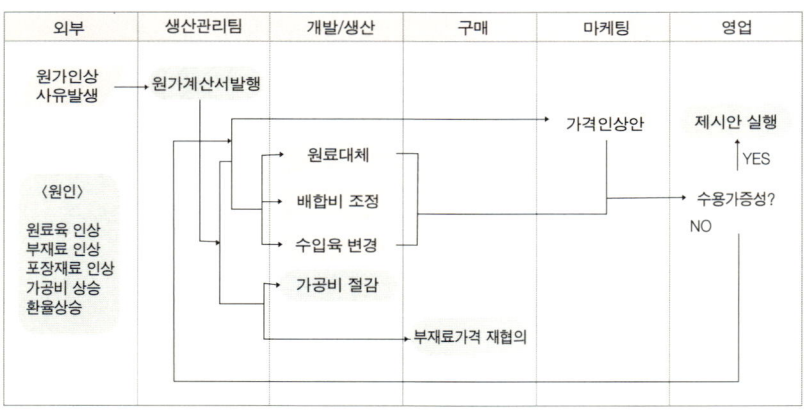

Promotion :
어떻게 널리 알리고 많이 팔 것인가?

앞서 우리는 프로모션의 중요성에 대해 이미 살펴본 바 있다. 프로모션이야말로 모든 마케팅 과정에서 소비자와 직접적으로 만나고 제품을 선보이는 가장 중요한 단계이다. 많은 마케터가 제품기획서에서 제품기획에는 자신 있어하면서도 정작 어떻게 팔 것인가 하는 프로모션 기획에서는 한없이 작아진다.

그러나 제품기획만큼이나 중요한 것이 어떻게 팔 것이냐는 프로모션 기획이다. 프로모션 과정은 다양한 과정을 통해 이루어지는데 소비자에게 강한 각인을 남기는 것이 무엇보다 우선적이다. 지금부터 프로모션에서 요구되는 기본적인 사항들을 살펴보도록 하자.

1) Push & Pull 전략이란 무엇인가?

프로모션의 기본적 원칙을 설명하자면, 매체를 이용한 광고, 증정품, 가격할인 등의 Pull 전략, 판촉 인적판매를 의미하는 Push 전략으로 설명할 수 있다. 잘 알겠지만 문을 밀고 안으로 들어가는 것은 내가 앞으로 나가는 일이다. 반대로 내가 문을 당기면 소비자가 들어오도록 해야 한다. 마케팅의 Push와 Pull도 마찬가지이다. Push는 적극적인 공세를 펼치는 방법으로서, 직접적인 판촉행사 등이 여기에 해당한다. 이런 적극적 공세는 제품 차별화가 부족하거나 홍보가 부족할 때 펼칠 수 있는 전략으로 영업 전략이 이에 해당된다.

반대로 Pull은 소비자가 나를 찾도록 하는 것, 즉 유인 전략이다. 광고 등이 이에 속하며, 순수마케팅 전략 대부분이 Pull 전략이다. 성숙기에 있는 제품은 이미 많이 알려져 있으므로 단순하게 Pull(광고)한다고 효과가 나타나지는 않는다. 성숙기 이후부터는 오히려 Push(가격할인, 증정)하는 판촉활동이 유리하다.

2) 판촉물이란 무엇인가?

판촉물은 가장 대중적으로 쓰이는 프로모션 전략의 하나로서 많은 이들이 이 판촉물을 보고 제품을 구매한다. 판촉물은 자사제품과 외부구매 판촉물을 사용할 수 있는데 자사제품의 판촉물은 판매제품과 동일하거나 다른 제품(덤 행사), 테스트 및 홍보를 위한 신제품, 재고 소진 목적의 판매부진 제품 등을 일반적으로 사용한다. 판촉물을 사용하는 목적은 첫째, 본제품의 매출을 올리기 위해서, 둘째, 제품명과 사진 등을 인쇄함으로써 판매제품 또는 신제품을 홍보하기 위한 것이다. 이런 판촉물은 소비자가 구매를 망설일 때 구매요인을 제공해서 구매를 유도하는 역할을 한다. 나아가 이런 판촉물은 보다 다양한 홍보 도구로도 사용될 수 있다. 이를테면 매출이 큰 제품에 신제품 샘플 또는 신제품 사진이 있는 판촉물을 증정해서 신제품을 홍보하는 방법이 그 한 예이다.

예를 들어 풀무원 녹즙 사업 초창기가 그러했다. 다른 제품을 판매하면서 연관이 없는 녹즙을 대대적으로 홍보한 것이다. 그런가 하면 자동차 회사들은 자사의 자동차 사진을 넣은 달력을 배포해서 자사의 자동차들을 홍보한다. 나아가 판촉물에는 테스트 마케팅 목적도 있다. 본 상품 출시 전에 판촉물을 사용해 반응을 체크하는 것이다.

반면 유통입점을 목적으로 하기도 하는데 신제품을 판촉물로 사용해 제품력을 인정받은 후 유통입점 계기를 만들기도 한다. 이때 소비자들이 "이 제품을 어디서 구매할 수 있냐"고 질문을 해온다면 50% 이상은 성공했다고 볼 수 있다.

이 판촉물에도 Push와 Pull이 모두 존재한다. 신제품이 판촉물일 경우 Push 성향이 크겠고, 기존제품에 1+1 또는 경품행사를 내세우는 경우는 Pull에 속한다.

그렇다면 정말 좋은 판촉물이란 어떤 조건을 갖춰야 할까? 그 답은 간단하다. '소비자들이 그 판촉물을 가지고 싶어 할 정도' 로 매력이 있어야 한다. 마케터들이 흔히 "판촉물 사면 제품을 끼워 준다" 고 농담삼아 말하곤 하는데 이는 판촉물의 매력이 강력하게 제품 구매를 유도해야 한다는 것을 의미한다. 그렇다고 판촉물이 꼭 고가이어야만 하는 것은 아니다. 매력적인 판촉물이 적절한 기능을 발휘하는 경우는 다음의 3가지이다.

① 아이들이 타겟일 때
② 경쟁이 되는 타사와 자사 제품 간에 뚜렷한 차이가 없어서
   소비자가 주저할 때
③ 충동구매가 가능한 제품일 때

탕아는 돌아오지 않는다

어느 회사나 실패한 제품이 있게 마련이다. 그걸 보고 있노라면 아쉬움이 남을 수밖에 없다. 하지만 이럴 때 기억해야 할 것은 미련 때문에 실패한 제품에 지속적으로 비용을 투자하는

것은 어리석은 짓이라는 점이다. 실패한 제품이 같은 컨셉으로 리런칭 후 성공한 사례는 거의 드물다. 사람들은 그 제품에 대해 이미 실망해서 다시는 구매하려 들지 않기 때문이다. 따라서 기본 컨셉을 변경하지 않고 단순 리뉴얼로 리런칭하는 헛발질은 하지 않기를 바란다. 버릴 것은 버려야 한다. 탕아는 돌아오지 않는다.

반면에 악명 높은 것도 유명한 것이다

악명 높다는 뜻의 숙어는 'be notorious for'로서 엄밀히 말해 'famous for'의 반대말이다. 제품에도 항상 악명 높은 제품이 있게 마련이다. 회사에서 고비용을 투자했음에도 내외부적으로 인식이 좋지 않아 실패한 제품이 있을 수 있다. 그런데 오히려 이런 제품이 긍정적인 역할을 할 때도 있는데, 그 악명 높은(?) 제품 브랜드를 그대로 사용할 때이다. 이때 우산효과 때문에 크게 실패하는 경우도 있지만, 차후 보완된 제품의 제품력이 좋기만 하다면 오히려 그 악명을 타고 더 쉽게 알려질 수도 있다. 다만 여기에도 역시 몇 가지 조건이 필요하다.

① 신제품이 기존 실패 제품에서 나타난 명확한 실패 원인

을 완전히 극복했을 때

　② 악명도 명성이라고 할 만큼 많은 사람들이 그 제품을 알고 있을 때

신제품이 이런 장점을 갖고 있다면 기존 실패 브랜드의 부정적인 우산효과보다는 오히려 시너지 효과가 클 수도 있다.

3) 구매요인과 만족요인을 기억하라

소비자들에게 어떤 제품의 컨셉을 조사했는데 "좋습니다.", "꼭 구매하겠습니다."라는 긍정적인 대답이 나왔다고 치자. 그렇다고 정말로 소비자들이 그 제품이 나왔을 때 관심 있게 보고 구매할까?

실제로는 제품 출시 후 이런 긍정적 제품의 매출이 오히려 부진한 경우도 적지 않다. 그러면 몇천 만 원짜리 조사가 물거품이 되었다는 노발대발을 사게 되고, 담당 마케터는 그 스트레스를 고스란히 감당해야 한다. 마케터는 일반 소비자 조사가 현실과는 다를 수 있다는 점을 반드시 유의해야 한다.

한편 이런 결과가 왜 나오는지도 고민해야 한다. 여기에는 사실 설명하기 어려운 다양한 요인들이 있지만 가장 큰 요인 중에 하나가 바

로 '구매요인과 만족요인' 이다. 즉 어떤 제품에 만족하는 것은 '만족요인' 을 갖추었다는 의미고, 소비자들도 설문조사에서는 만족스럽다고 답하게 된다. 하지만 그것이 직접적으로 '구매요인' 으로 작용하는 것은 별개의 문제다.

요구르트를 예를 들어 보자. 이 제품이 유익하다는 점을 강조하면 그것을 구매하는 엄마는 그 제품 자체에 대해서는 만족할 것이다. 하지만 아이가 맛이 없어서 그 제품을 안 먹는다면 어떨까? 몸에 유익한 것 자체에는 만족하지만 맛 때문에 다시 구매하지는 않을 것이다.

어떤 제품의 가격 적정성 FGI(Focus Group Interview)에서는 많은 사람들 앞에서 고가라서 구매하지 않겠다고 말하면 자존심이 상할까봐 고가를 수용할 수 있다고 말한 피실험 주부가 있었다. 물론 그 주부는 출시 후에 고가라는 이유로 그 신제품을 구매하지 않았다. 만일 이런 피실험 조사 대상이 많았다면 언급했던 소비자 조사의 딜레마를 초래하는 결과물이 나올 가능성이 높다.

이런 점 때문에 필자는 개인적으로 소비자 조사를 어느 정도 걸러서 이해하는 편이다. 지금부터 구매요인과 만족요인에 대한 기본적인 설명을 살펴보겠다.

● 만족요인

만족요인이란 제품에 대해 '단순히 만족하는' 요인을 의미한다. 앞의 요구르트를 보면 '유익하다'는 점이 이 만족요인이 될 수 있다. 하지만 이 경우는 이것이 구매요인은 될 수 없다.

● 구매요인

앞의 사례로 볼 때 구매요인 또는 비구매요인으로는 '맛, 수용가격, 품질' 등이 있을 수 있다. 이러한 구매요인은 적중해야만 직접적으로 구매와 연결이 될 수 있다. 초등학교 문방구에서 100원에 판매하는 불량식품은 아이들에게는 분명히 만족요인이 될 수 있다. 하지만 이런 경우 엄마들에게는 절대 만족요인이 될 수 없다.

다시 말해 가장 훌륭한 상품은 만족요인과 구매요인 모두를 충족하는 것이라고 볼 수 있다. 게다가 이 두 요인을 소비자(실사용자/구매자)가 모두 만족할 때 파워풀한 소비로 이루어질 수 있다.

4) 이성적 소구와 감성적 소구를 구분하라

소비자에게 제품을 소구하는 방법은 2가지다. 하나는 고가품, 전문품, 선매품을 소구할 때 쓰이는 이성적 소구다. 이성적 소구란 말 그대로 분석적이며 논리적인 사고로 마케팅하는 것을 의미한다. 전문품의 경우는 대개 고가이고, 구매자들도 그에 대해 전문지식을 갖고 있거나 이러한 전문지식을 추구하는 자들이다. 따라서 이런 제품을 다룰 때 마케터는 자신이 기획하는 제품이 전문품인지 비전문품인지 또는 선매품인지 비선매품인지를 감지하는 동시에, 구매자가 원하는 사양을 감지하고 이를 셀링포인트로 홍보하고 타 제품과 잘 비교(장점 강조)할 줄 알아야 한다. 선매품도 마찬가지로 구매 시 많은 고민을 하는 제품인 만큼 이성적인 방법으로 구매자에게 다가가야 할 것이다.

반면 감성적 소구는 말 그대로 감성적으로 다가가는 것을 의미한다. 이는 저가품, 소모품, 편의품, 중·저가의 패션용품 등에 활용할 수 있는 방법으로서 디자인, 식품의 맛, 가격 차별화 등을 통해 충동구매를 유도하거나 할 때 사용되는 방법이다.

식품 마케터로서 요즘 추세를 보면 한 가지 의문점이 있다. 많은 회사들이 식품(물론 그 식품군에서는 고가에 해당) 등에서 이성적 소구(건강 지향, 기능성)를 지나치게 추구하는 경향이 있다는 점이다. 단언컨대 그럴 시 그 제품은 100% 실패하게 된다. 물론 식품 중에서도 이성적 소구가 적용되는 경우가 있긴 하다.

예를 들면 건강기능식품 또는 유기농 식품의 경우인데 이 경우는 채식이 좋다는 시대 흐름과 밀접하게 맞물려 있다. 그런데 햄이나 소시지 같은 육류 가공식품이 이런 기능성을 부여한다면 웃지 못할 아이러니만 남게 된다. 그 정도로 건강을 생각하는 소비자가 과연 그런 육류 가공식품을 먹겠는가?

결론은 식품은 전문품이나 선매품이 아니며, 따라서 이성적 소구 (기능)가 아닌 감성적 소구(특히 맛)으로 접근해야 하는 시장이라는 점을 명심해야 한다.

5) 광고란 무엇인가?

흔히 21세기를 광고의 시대라고 한다. 프로모션에서 광고는 아주 핵심적인 도구다. 이는 사람들에게 상품을 인식시키고 그것을 자연스럽게 삶에 받아들이도록 유도한다. 그런 면에서 광고는 상품의 얼굴이자 소비자와 만나는 가장 강력한 매개체이다. 이 광고의 목적은 다음 4가지로 요약될 수 있다.

① 잠재고객을 찾아내 고객으로 만들기 위해서
② 매출액을 증대하기 위해서
③ 고정 고객을 확보해 충성심을 구축하기 위해서
④ 오랫동안 기억되는 인상을 만들기 위해서

그러나 이런 광고도 무작정 내비친다고 될 일은 아니다. 아무리 현란한 광고라도 제품 자체의 특성과 이미지를 구축하지 못하거나 헛다리만 짚어서는 결코 소비자의 인식 중심으로 다가갈 수 없다. 좋은 광고에는 다음의 몇 가지 조건이 필요하다.

첫째, 광고 그 자체에 관심을 갖도록 하는 것이 아닌 보는 이의 시선을 '상품'에 고정시킬 수 있어야 한다.

둘째, 목표시장에 정확히 부합해야 한다. 목표하는 소비자들의 생활 습관, 그들이 중요하게 생각하는 것, 그들의 관심, 매체 접촉 습관, 제품의 지식과 태도 등을 고려해 통일된 사상과 창조성 및 집중성을 갖춰야 한다.

셋째, 아무리 아이디어가 독창적이라도 그것이 판매와 연결되지 않으면 아무 소용이 없다.

넷째, 광고 메시지를 효과적으로 목표 대중에게 전달하기 위해서는 전달하고자 하는 내용, 표현 형태, 모델 등 모든 요인들이 적절하게 조화되어야 한다. 이 모두를 핵심적으로 요약하면 잘 팔리는 상품 광고는 다음의 3가지 정의에 부합한다.

- 눈에 잘 띄면 잘 팔린다.
- 잘 이해되면 잘 팔린다.
- 소비자들에게 선호되면 잘 팔린다.

광고를 먼저 할 것인가? 입점(유통)을 먼저 할 것인가?

제품을 출시할 때 흔히 부딪치는 문제가 있다. 입점(유통) 전에 광고를 먼저 해야 할지, 아니면 입점(유통)을 먼저 해야 할지 하는 것이다. 이는 닭이 먼저인가, 계란이 먼저인가 하는 문제만큼 유서 깊은 고민이라고 할 것이다. 다음에 그 답이 있다.

■ 입점(유통)을 먼저 해야 하는 경우 : 새로운 시장을 개척하거나 소비자 반응을 테스트해야 하는 경우. 이때는 입점을 먼저 해서 제품 가능성 여부를 판단하고 난 뒤 광고 여부를 판단해야 한다. 이는 광고비 대비 효과를 크게 얻는 방법이기도 하며 입점과 동시에 광고를 진행하는 경우도 해당된다.

■ 광고를 먼저 해야 하는 경우 : 경쟁이 심해 입점을 하기 힘든 경우 광고의 힘을 빌려 입점(유통)률을 높여야 한다.

6) 이성적 광고와 감성적 광고

앞서 우리는 이성적 소구와 감성적 소구를 알아보았다. 이는 광고에서도 비슷하게 적용되는 이론이다. 이성적 광고란 흔히 교육광고,

계몽광고, 나아가 이미지 광고라고 불리며 소비자의 이성에 소구하는 광고이다.

제품에 있어서는 선매품, 고가품, 전문품 등이 이성적 광고에 유리한 제품군에 속하며 여기에는 제품에 대한 자세한 설명이 뒷받침된다. 소비자는 이런 이성적 광고를 보면 즉각적인 구매 욕구를 느끼기보다는 타 제품과의 탐색전을 펼친다. 다음의 이성적 광고의 디테일한 사항들이다.

① 장점 : 한번 자리 잡으면 장기간 이미지를 굳힐 수 있다.
② 단점 : 비용이 많이 들고 기간이 오래 소요된다. TV나 라디오 등
　　　　대중매체 외의 광고 및 프로모션이 필요하다.
③ Target : 고학력층, 전문가, 특정 소집단
④ Product : 고가품, 전문품 (예 : 핸드폰, 카메라, 피아노 등),
　　　　　　선매품 (선택에 시간을 소요하는 제품)
⑤ 실례 : 카메라 광고, 기능성 화장품 광고

캐논의 DSLR 카메라 광고를 보자. DSLR 카메라라고 하면 일반적인 똑딱이(컴팩트) 카메라가 아닌 렌즈를 바꿔 끼울 수 있는 전문가용 카메라를 뜻한다. 이는 일반인 층에서는 고가라는 가격적 측면, 복잡한 사용 방법 등의 난점이 있지만 매니아 층이 상당히 두텁다.

때문에 캐논은 이 DSLR 광고에서 사진작가를 활용해 화소와 성능 등을 강조함으로써 이성적 광고로 접근하고 있다. 또한 광고 채널은 젊은층이 주로 시청하는 케이블 채널을 이용함으로써 저비용으로 고효율을 올릴 수 있었다.

감성적 광고는 흔히 욕구 발생 광고라고도 칭한다. 말 그대로 이 광고는 소비자의 욕구 발생에 소구하는 광고로서 일반적인 저가제품, 식품, 의류, 감수성이 강한 연령층을 위한 제품에 적합하며 제품에 대한 이해보다는 광고를 보고 즉각적으로 구매욕구를 느끼도록 해야 한다. 감성적 광고는 다음의 디테일을 가진다.

① 장점 : 광고 즉시 반응을 측정할 수 있다. TV나 라디오 등의 대중매체를 효과적으로 활용할 수 있으며, 짧은 시간 광고해도 직접적으로 광고 효과가 나타난다. 이성적 광고에 비해 비용이 적게 든다.

② 단점 : 효과가 단기간에 끝날 수 있다.

③ Target : 어린이, 감수성이 강한 세대, 주부

④ Product : 음식료, 과자 등의 저가품, 저관여 제품, 감성제품, 패션 제품

모 개그맨이 뜨거운 라면을 먹는 라면 광고 등은 즉각적인 식욕과 친밀감을 느끼게 한다. 하림의 경우 용가리치킨을 TV 광고할 때 용가리를 등장시켰고 동시에 어린이 인형 판촉물을 사용함으로써 약 30%

의 매출신장을 일으켰다. 나아가 롯데리아나 KFC 등의 패스트푸드 회사들은 어린이 셋트 메뉴를 사면 현재 유행하는 에니메이션 장난 감 증정 광고를 함으로써 역시 매출을 신장시킨다.

광고 전략은 이미지가 중요하다

광고는 정보와 메시지보다는 이미지, 시각 효과를 극대화하는 것이 효과적이다. 이를테면 잘 만들어진 광고라고 여겨지는 것들 중에도 광고의 오류를 범하는 경우가 있는데 첫째, 기교가 지나쳐서 내용 식별 및 광고 메시지의 전달을 방해하는 경우, 둘째, 광고 내용을 기억 못하거나 무엇을 광고하는지 전혀 알지 못하게 되는 경우 등이다. 특히 저관여 상품의 광고전략은 많이 반복하고 그림 요소나 비메시지 등 짧은 메시지를 중시해야 한다.(대리운전은 대표적인 저관여 제품으로 단순하면서도 지속적인 반복 광고가 이루어진다)

7) 좋은 광고를 위한 핵심 디테일

광고는 결코 아이디어만으로 만들어지는 것이 아니다. 단계별 숙

고와 고민들, 나아가 광고의 원칙들을 정확히 파악하고 다듬어가는 과정이 절대적으로 필요하다. 다시 말해 광고를 내보내기 전에 검토해야 할 사항들이 적지 않다는 것이다.

가장 먼저 짚고 넘어가야 할 점은 누구에게(Target), 무엇을(메시지), 왜(구매동기), 언제, 어디서(매체), 얼마나(양) 등을 확실히 해야 한다. 다음은 이 단계에서 던져볼 수 있는 질문들이다.

① 제품 컨셉(셀링포인트 외)은 정확한가?
② 목표시장 또는 타겟은 정확한가?
③ 광고가 정말로 꼭 필요한가?
④ 광고비 예산은 어떻게 편성할 것인가?
⑤ 광고 일정은 어떻게 할 것인가?
⑥ 광고할 매체로는 무엇이 적합한가? : 인쇄(신문, 잡지), 전파(TV, 라디오, CATV), 기타(DM, 차량, 광고탑, DMB, 인터넷 등)
⑦ 비용 대비 광고 효과가 있다고 평가되는가?

나아가 같은 광고를 해도 해당 제품이 어느 시기를 맞이하고 있는지를 아는 것도 매우 중요하다. 이를 광고의 선회이론(Spiral Theory)이라고 하는데, 이는 제품의 수명주기마다 광고법이 다르다는 것을 의미한다.

① 도입기(개척기) : 조기수용층 흡수를 위해 상품 특성(장점) 위주로 광고

② 성장기/성숙기(경쟁기) : 브랜드 중심으로 광고해서 경쟁제품을 견제하

    고 고객층을 넓히는 광고

③ 성숙/쇠퇴기(유지기) : 위력을 중심으로 광고(인지도 활용)

광고와 홍보의 차이

광고 : 불특정 소비자들을 상대로 상업적 정보를 유포시키는

행위, 소비자에게 제품을 사거나 사용하도록 심리를 자극하는

행위

홍보(PR:Public Relations) : 언론매체들로 하여금 독자나 시

청자들을 위한 뉴스 가치가 있다고 판단되는 상업적 정보를

스스로 선택하고 보도하게 함으로써 소비자들에게 자사에 도

움이 되는 정보를 전달하는 행위, 어떤 것을 알리고 이해시키

려는 목적

8) 광고의 두 가지 방법

광고의 대표적인 사례는 모델을 기용하는 방송광고이다. 광고 모

델은 광고의 색깔을 명확히 보여주고 주목을 끄는 가장 중요한 도구로서 광고의 꽃이라고도 할 수 있다. 따라서 어떤 광고 모델을 기용하는가에 따라 그 광고의 이미지도 달라진다. 다음은 광고 모델을 이용해 어떤 광고를 만들어갈 수 있을지에 대한 기본적 가이드이다.

① 저명인사 : 소비자들은 은연중에 저명인사들과 동등해지고 싶어하는 욕망이 있고 이들을 신뢰한다.

② 전문가 : 전문가의 전문성을 활용하는 방식으로 전문품에 유리하다. DSLR 카메라의 사진작가

③ 연예인, 운동선수 : 가장 일반적인 방법인데 선망의 대상 또는 유명세를 이용하는 방법이다. 간혹 모델이 부정적인 이미지일 때는 역효과가 나올 수 있다.

④ 동물/아기/캐릭터 : 친근감을 줄 수 있어 민감한 세대 또는 어린이 용품에 적합하다.

⑤ 일반 소비자 : 소비자와 동질감을 부여할 수 있다.

방송매체의 광고만큼 좋은 효과를 볼 수 있는 것이 또한 지면광고이다. 이런 지면광고 효과는 전단 작성 내용, 배포 시기, 배포 범위, 횟수에 따라 달라진다. 다음은 지면광고의 종류와 각자의 역할을 정리한 것이다.

① 카탈로그 마케팅 : 카탈로그를 참고해서 구매의사결정을 내려야 하기 때문에 카탈로그 자체가 점포의 역할을 하도록 해야 한다.

② 신문/잡지 등의 무작위 광고 : 소비자의 눈길을 끌만한 강한 차별성이 있어야 한다.

8) 광고 전략 시 무엇을 주의해야 하는가?

흔히 많은 이들이 광고만 많이 하면 제품이 다 성공한다고 믿는다. 하지만 현실은 그렇지 않다. 즉, 광고한다고 무조건 성공하는 것은 아니다. 대부분의 광고는 관심 있는 사람(회사 사람 또는 가족/친지, 거래처 등)만 주의 깊게 보고 기억할 뿐이다.

특별한 경우를 제외하고 광고/홍보는 직접적으로 효과가 나타나지 않기 때문에 지속적으로 쌓아야 하는 일종의 마일리지라고 생각할 수 있다. 그렇다면 일반 대중에게 관심을 유도하려면 어떻게 해야 할까?

가장 중요한 건 타겟을 명확히 하고 타겟이 관심 있어 하는 이미지와 컨셉 또는 기능에 충실함으로써 쉽게 접근할 수 있는 광고 방식을 찾아야 한다. 다음의 조건들을 보자.

- 타겟이 분명해야 한다.
- 타겟에 유효한 광고 방법/시간이어야 한다.

- 타겟이 원하는 것이 정확히 표현되어야 한다.
- 능력있는 광고대행사를 선택해야 한다.

※ 광고대행사 선택 시 주의사항

① 적어도 2~3개 업체를 비교 평가해야 한다.

② 회사 소개서 및 과거 광고주 및 광고 실적을 평가한다.

③ 대행사에서 기존에 집행했던 광고의 효과에 대해 질문하라.

④ 지금 광고하려는 제품의 예상 광고 효과에 대해 질문하라.

⑤ 예산은 밝히지 않는다. : 예산을 알면 그 예산에 맞춰 제시하여
   선택 폭이 작아질 수 있다.

⑥ 무턱대고 깎는 것이 좋은 것은 아니다.

⑦ 계약서 내용은 꼼꼼히 살핀다.

⑧ 광고결과 보고서를 반드시 받아서 사후 분석해야 한다.

광고에는 큰 비용이 드는 만큼 많은 마케팅 부서들이 경영자의 눈치를 본다. 우스갯소리로 간혹 주부나 어린이 대상 제품을 제일 비싼 9시 TV 뉴스 시간에 광고하게 되었는데 그 이유가 "사장님이 광고를 한 번도 못 보셨기 때문"이라는 말도 있다.

바쁜 사장님이 어린이 프로나 아침 드라마 영화 케이블 방송을 보

겠는가? 그러나 그렇다고 사장님 시간대에 맞춰 주부나 어린이 대상 제품을 광고하는 것은 밑 빠진 독에 물 붓기다. 이럴 경우 어느 광고 회사의 말처럼 차라리 사모님이 보시는 광고 시간을 이용하는 게 실무자의 요령일 것이다.

나아가 다음 장의 라이프사이클 비용 곡선에서 설명하겠지만 광고 비용은 초기에 많이 풀어서 인지도를 급상승시키고, 후에는 유지에 주력해야 한다. 찔끔찔끔 오래 해봤자 표시도 안 나기 때문이다.

바이럴마케팅 (바이러스마케팅 Virus Marketing)

입에서 입으로 전해지는 마케팅을 구전마케팅이라고 한다. 바이럴마케팅은 요즘 무척 많이 활용되는 마케팅 기법으로 컴퓨터 바이러스처럼 컴퓨터(인터넷)와 컴퓨터를 통해 전파되는 마케팅을 말한다.

예를 들어 블로그, 카페, 지식검색 등을 통해 구전되는 마케팅 방식인데, 타 광고에 비해 비용은 낮지만 불특정 다수가 아닌 소수 관심자에게만 유효하다는 단점이 있다. 인터넷에 '맛있는 피자'라고 검색하면 지식검색, 카페, 블로그 등에 자신의 구매경험을 자세히 올려 놓았다.

사진부터 심지어 매장전화번호까지 친절하게 알려준다. 그

8) 오페라 아이다(AIDA)와 아이드마(AIDMA)

오페라 「아이다」는 왠만하면 한번쯤 제목 정도는 들어봤을 것이다. 이와 비슷한 단어로 소비자 구매행동을 표현하는 '아이드마(AIDMA)'라는 것이 있다. 이 아이드마를 쉽게 설명하자면 '소비자에게 더 잘 보이고 잘 팔릴 수 있는 제품을 만들기 위한 가짜 오페라'라고 할 수 있다.

얼마 전 서울 삼성역에서 여름 티셔츠를 판매하는 판매대를 보았다. 처음에는 약 4평 정도의 바닥에 10명 정도가 제품 진열을 하고 있었다. 그런데 일을 마치고 돌아오는 길에 보니 파는 사람은 두 명뿐이고 여러 사람이 마치 물건을 사기라도 할 것처럼 이것저것 들추고 있었다. "대체 뭐 좋은 게 있나?" 싶어 사람들을 헤집고 들어가 보니 아까의 10명 중 8명이 여러 손님들 틈에 바람잡이로 서 있었다. 일단 주의를 끄는 것에는 성공한 셈이다.

소비자의 구매행동을 이끌어내는 방법들

Attention	주의 / 관심끌기	판촉행위가 여기에 해당된다. 사람들의 눈길을 끄는 일로서 신규 오픈한 점포에서 도우미가 춤을 추는 것, 포스터 광고 등에 누드를 올리는 경우를 들 수 있다. (매장 판촉행사)
Interest	흥미유발	판촉행사를 보고 뭐하는 거지? 하는 궁금증이 드는 경우이고 제품의 경우 포장지가 이 역할을 해야 한다.
Desire	구매욕망	필요할 것 같은데… 아이들이 좋아할 것 같은데…. 재미있는데…. 하는 마음이 들도록 해야 한다.
Memory	기억	선매품, 고가품에 해당되는 단계로 일반적인 생필품 등의 저가품은 이 단계를 생략하고 바로 충동구매단계로 넘어가는 경우가 많다.
Action	구매	저가품의 경우 소비자에게 생각할 여유를 주지 않고 곧바로 구매하도록 유인해야 한다.

한참 독도 문제가 이슈화 되었을 때 지나가던 길에 "독도는 우리가 지키고, 서비스는 ○○안마가 지킨다." 라는 현수막을 보고 배꼽을 잡고 웃은 적이 있다. 그냥 평범한 현수막이었다면 관심도 안 가졌을 것을 '독도 문제'로 관심을 갖게 하고 그 다음은 웃게 만들고, 그 다음에는 한참 기억하게 만들었다는 면에서 성공적인 광고였다. 정말 아이드마를 제대로 이해하고 사용할 줄 아는 광고였는데 다만 구매(ACTION)는 얼마나 발생했을까 하는 궁금점이 들었다.

4장

라이프사이클 단계별 마케팅 전략

: 제품 수명주기에 따라 어떤 마케팅 전략을 구사해야 하는가?

①

제품 수명마다 마케팅 방법이 다르다

제품에도 한 사람의 인생처럼 라이프사이클, 즉 수명주기라는 것이 있다. 이는 한 제품이 시장에 진입해 성장하고 성숙한 뒤 쇠퇴하는 모든 과정을 뜻한다. 마케팅의 방법도 바로 이 라이프사이클 주기마다 각자 다른 전략으로 접근해야 한다는 것이 이번 장의 요지이다. 다음은 제품 라이프사이클의 대략적 요지와 그에 걸맞은 마케팅 방법을 정리한 것이다.

1) 제품 라이프사이클별 마케팅 구분

① 도입기 : 혁신층(Early Adopter)과 조기수용층을 대상으로 판촉 → 대형
　　　매장 위주로 프로모션

② 성장기 : 광고 등 프로모션 비용을 줄인다.

③ 성숙기 : 사용자를 확대시키는 전략을 사용해 다수자에게 제품을 연결
　　　해야 한다.

④ 쇠퇴기 : 성숙기를 연장시키기 위해 탄력적으로 비용을 투입한다.

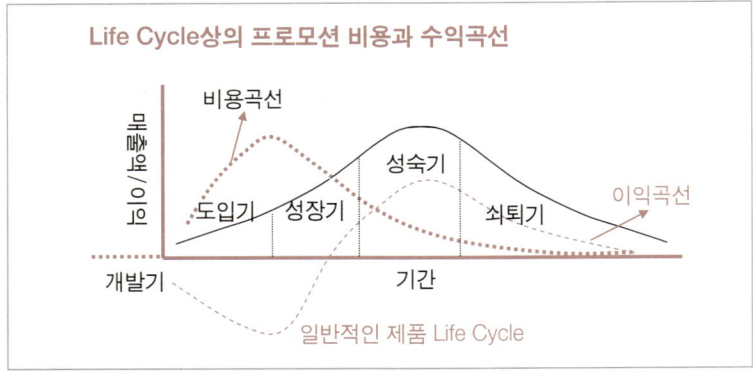

비용곡선 : 도입기에 비용은 지속적으로 상승한다. 이때 중요한 점
은 도입기를 얼마나 짧게 가져가느냐에 있다. 비용곡선은 도입기에
는 급상승하지만 성장기에 들어서는 감소한다. 성장기/성숙기/쇠퇴
기는 비용투자에 대한 회수기간에 속한다. 이익곡선은 초기 도입기
에는 적자이지만 성장기에 흑자로 전환해서 성숙 쇠퇴기까지 흑자가
지속된다.

2) 가장 이상적인 코끼리 라이프사이클

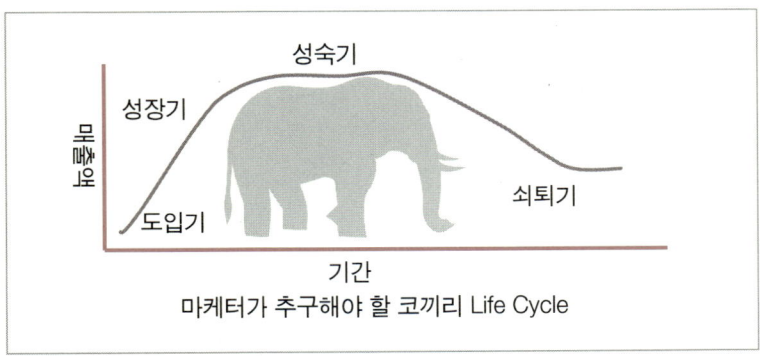

마케터가 추구해야 할 코끼리 Life Cycle

가장 이상적인 라이프사이클은 코끼리 형태의 라이프사이클이다. 이는 도입기와 성장기를 최소화시키고 성숙기는 코끼리 등처럼 높고 평평하게 최대한 연장하며, 쇠퇴기는 천천히 완만한 곡선을 그리도록 하는 것이다. 마케터는 이 코끼리 형태의 라이프사이클을 목표로 매진해야 한다.

이상적인 코끼리 라이프사이클을 위해서는 초기 비용을 효과적으로 투입해야 하며, 성숙기에 도달한 뒤에도 성숙기를 연장하기 위해 주기적으로 지그재그 모양의 비용을 투자해야 한다.

"미수는 콘크리트다. 처음에 못 받으면 굳어져서 영원히 못 받는다."

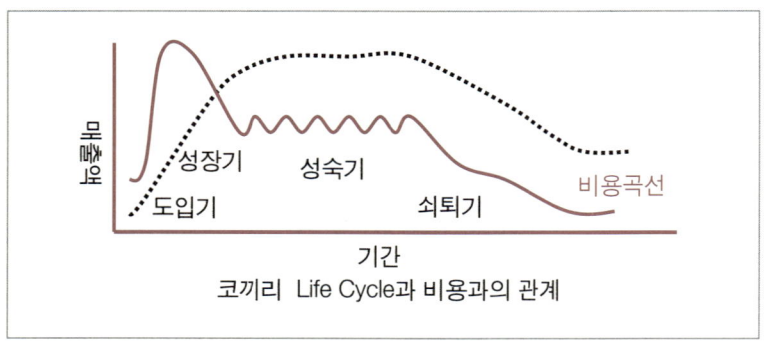

코끼리 Life Cycle과 비용과의 관계

이것은 필자가 신입사원 때 하림그룹 김홍국 회장님이 영업직원 교육 때 하신 말씀이다. 반면 이런 관점에서 생각해보면 '신제품도 역시 콘크리트다.' 초기에 기둥을 높이 세우지 못하면 영업자와 거래처, 소비자에게 실패한 제품이라는 이미지가 굳어지면서 성공률이 떨어지게 된다.

3) Life Cycle를 이용한 PPM(Product Portfolio Management) 전략

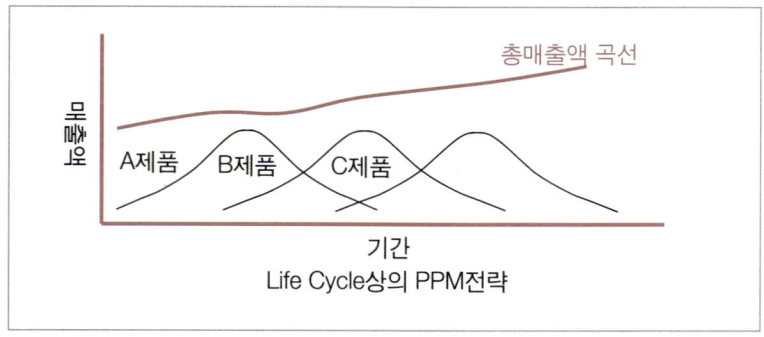

Life Cycle상의 PPM전략

이 전략은 대체제 성격이 강할 경우 이용하는 전략이다. 나아가 카니발리제이션(Cannibalization)전략을 응용할 수도 있다. 만일 한 개의 회사에서 쇠퇴기에 있는 기존제품 A의 매출감소분을 극복하고자 한다면 신제품 B를 출시하여 기본 매출을 유지시킬 수 있고 다음의 두 가지 전략을 응용할 수 있다.

전략 1) A가격을 올리고 B가격을 내린다. → B 매출은 증가하고 A 매출은 감소, 또는 A에서 이익을 내고 B는 시장에 침투하기 쉬워진다.

전략 2) A가격을 내리고 B가격을 올린다. → A 매출은 증가하고 B 이윤도 올라간다. 이 경우 프로모션은 B에 집중하는 것이 유리하다.

전략 1)을 사용할 것인가, 전략 2)를 사용할 것인가는 더 많은 이익을 내고 외부 경쟁자와의 상황을 고려하여 장기적인 관점에서 더 좋은 방법을 택해야 한다.

4) 제품군별 라이프사이클 Type

각 제품들은 어떤 소비재인가에 따라 제품 수명과 라이프사이클이 달라질 수밖에 없다. 다음은 일반적인 유형에 따른 제품 라이프사이클 주기를 측정해본 것이다.

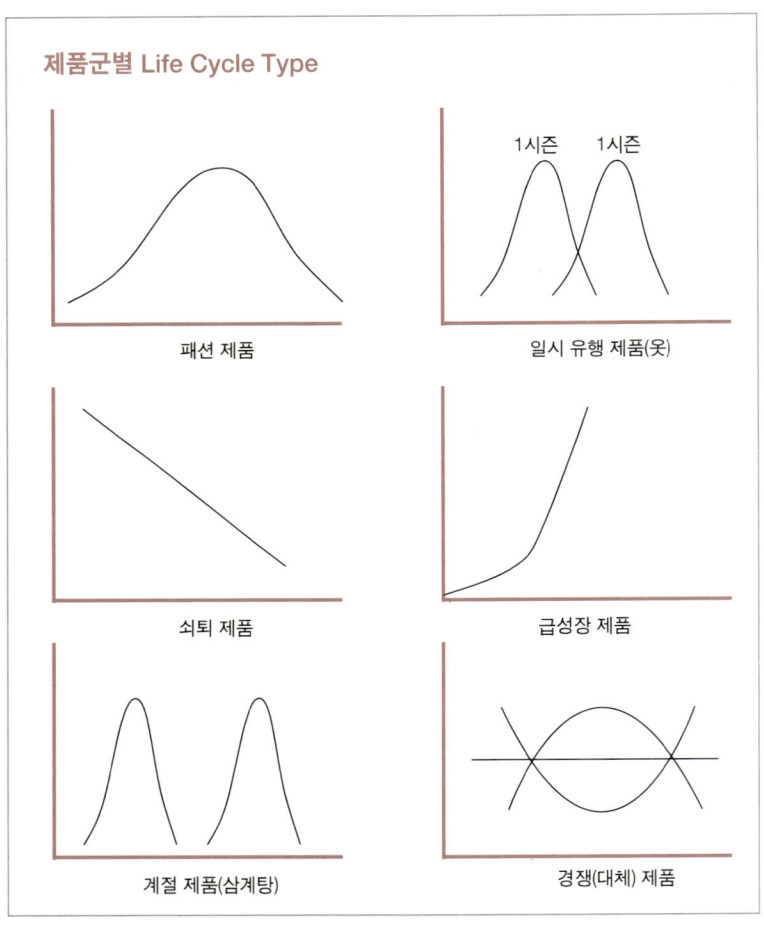

제품군별 Life Cycle Type

패션 제품

일시 유행 제품(옷)
1시즌 1시즌

쇠퇴 제품

급성장 제품

계절 제품(삼계탕)

경쟁(대체) 제품

※ 경쟁(대체) 제품 라이프사이클을 보면 어차피 두 제품의 평균 또는 합계는 같다. 이 경우 과도한 경쟁으로 치달으면 둘 다 피해를 볼 가능성이 높은 만큼, 지나친 경쟁보다는 시장 크기를 확대하는 캠페인에 마케팅 비용을 쓰는 것이 서로 Win · Win 하는 방법이다.

닭고기 전문회사 하림의 브랜드 파워를 높이는 마케팅 수업

라이프사이클 단계별 업무

라이프 사이클 단계별로 어떤 것을 고민하고 준비해야 하는지 알아보자.

1) 도입기

- 제품 프로모션 준비 : 판촉물, POP, 영업/거래처 교육
- 테스트마케팅, 광고전략 수립, 거래처 입점 작업, 내·외부 프로모션, 판촉 계획 수립, 시용 확보를 위한 강한 판촉 전략 필요

2) 광고 시점

- 도입기와 성장기 사이에 광고를 내보낸다. (단, 제품이 유통되지

않은 채 광고만 하는 것은 비용 낭비가 될 수 있다.)

3) 성장 전기

- 상품 차별화 강조 및 상품명 각인 작업
- 광고 및 집중 프로모션을 진행하는 시기로서, 이 기간은 가능한 빨리 급성장해야 한다.

4) 성장 후기

- 시장점유율 유지, 입점률 상승 재작업, 컨셉 수정(리프레쉬화, 리포지셔닝, 필요에 따라 컨셉/이미지 광고)
- 브랜드 로열티의 확보, 상표 이미지 확립, 경품 캠페인, 판촉행사 확대, 용도 확대(기능 추가, 다양화), 소비처 확대(대량 소비자/소량소비자 등), 경쟁회사 제품 대응 전략 수립

5) 성숙기

- 새로운 신제품 개발 시점으로서 이 성숙기는 장기간이 될수록 유리하다.
- 어느정도 인지도가 구축되어 있기 때문에 고비용이 드는 광고보다는 판촉물 등을 이용한 Pull 전략이 유리하다.

6) 쇠퇴기

- 소비자가 식상해진 상황인 만큼 매출이 급속도로 하강하지 않도록 판촉을 포함한 프로모션 방법 변경 및 할인 정책을 수립하고 용도를 확대(기능 추가, 다양화)해야 한다.

장기적으로 어느 정도의 매출을 유지하도록 이미지 관리를 해야 한다. 쇠퇴기 초기에는 광고 및 리뉴얼을 해서 다시 매출을 끌어 올릴 것인지에 대한 의사결정이 필요하다.

- 쇠퇴기의 싸이클은 길고 완만할수록 유리하다.
- 쇠퇴기에 있는 제품 매출 감소분을 극복할 새로운 신제품을 출시한다.

3

제품 수명연장의 비밀은 마케팅에 있다

요즘처럼 찜질방을 함께 운영하는 대형 목욕탕이 인기인 상황에서 낙후된 설비로 운영하는 목욕탕들은 힘들 수밖에 없다. 그러다가 결국은 타 업체보다 500원 내지 1,000원을 싸게 해서 싼맛(?)에 찾는 손님들을 유인하게 된다. 우리 동네에도 낙후돼서 가격을 내린 목욕탕이 하나 있다. 얼마 전 그 목욕탕을 찾았는데 가격을 다시 올렸고 가격을 올린 데는 나름의 이유가 있었다. 전체적으로 수리한 것은 아니지만 옷장과 온탕 등 몇 곳을 다시 리뉴얼한 것이다. 주말이어서 이기도 했겠지만 예전보다 손님도 많아 보였다.

1) 리뉴얼을 통한 수명 연장

쇠퇴기에 들어선 제품을 리뉴얼을 통해 재런칭하면 무너진 가격질서를 다시 세울 수 있는 기회를 만들 수 있다. 나아가 아예 죽었던 제품을 다시 살려낸 사례도 적지 않다. 유명한 S 라면이 그 한 예이다.

품질은 리뉴얼하였지만 예전 디자인을 그대로 사용한 제품을 다시 출시하면서 초기 물량공세를 대대적으로 진행했다. 결과는 성공이었다. 소비자들로 하여금 예전의 향수를 되살리게 함으로써 S 라면은 시장에 안정적으로 진입하게 되었다.

2) 오픈발의 대응방안

오픈발이란 처음 제품이 출시되거나 매장이 문을 열 때 거품처럼 치솟는 인기를 말한다. 이 오픈발은 크게 두 가지로 볼 수 있다.

첫 번째는 점포를 열었을 때 가수요가 발생하는 오픈 버블(Open Bubble), 두 번째는 신규 산업의 마켓 버블(Market Bubble)이다. 오픈 버블은 흔히 보는 오픈 매장을 생각하면 되고, 마켓 버블은 기존에 유행했던 '5,900원 치킨', '5,000원 피자' 등을 생각하면 된다.

이 오픈 버블은 막대하게 치솟기도 하지만 대부분 1개월 이내에, 마켓 버블의 경우 2~3년 사이에 거품이 순식간에, 그리고 완전히 빠진다. 문제는 여기서의 이 '완전히' 라는 수식어다. 정말 언제 그랬냐는 듯 거품이 꺼져버리는 것이다. 즉 화약고에 불을 붙인 것처럼 순식간에 타오르지만 꺼지는 속도 역시 순식간이라는 점이 이 오픈발의 특징이자 문제점이다.

마켓 버블은 전파 속도가 빠르고, 순식간에 유사업체가 생겨나는 게 특징이다. 또한 라이프사이클 상의 쇠퇴기가 타 산업과 비교해 무척 짧은데 그 원인은 소비자의 식상함, 경쟁의 치열함, 저가 산업에 따른 품질 관리 부족 등에도 있지만, 아이러니하게도 저가로 순식간에 성공했으나 그 때문에 원자재 가격 상승에 대비하지 못해 마진이 하락하거나, 규모의 경제를 실현하지 못한 경우이다.

그렇다면 오픈발이 무조건 나쁜 것인가? 그렇지 않다. 제품 출시와 매장 오픈 시 오픈발은 절대적으로 필요하다. 오픈발은 가장 효과적으로, 가장 최단 기간에 점포 또는 산업을 알릴 수 있는 도구이기 때문이다. 이 때문에 많은 점포들이 예쁜 도우미도 부르고 욕을 먹어가면서도 확성기를 크게 트는데, 중요한 것은 오픈발이 빠지는 시점에서 별도의 프로모션을 준비해야 한다는 점이다. 오픈발이 빠지고 나면 아무리 큰 프로모션도 효과가 약해지기 때문이다. 오픈 버블이 빠지는 것을 최소화 하는 방법은 딱 하나다. 소비자 만족도를 높이는 방법뿐이다. 마켓 버블에서도 마찬가지다. 초창기에는 가격에 따른 침투 전략이 효과적이지만 성숙기 시점에서는 품목을 다양화해서 버블이펙트(Bubble Effect)를 최소화해야 중장기적으로 생명력을 유지할 수 있다.

5장

치밀하지만 폭넓은 마케팅 기법

: 어떻게 예측하고 대응해야 하는가?

1

철저한 시장조사가 실패를 막는다

하나의 제품은 결코 그냥 나오는 것이 아니다. 건축물을 짓기 전에 부지를 찾고 주변 환경을 보고 도량과 깊이, 넓이 등을 측정해서 설계도를 짜고 철저한 공사 일정을 짜는 것처럼, 제품의 생산과 판매에도 철저한 치밀한 시장조사와 예측을 통해 제품의 생산과 판매의 규모를 짜는 것이 중요하다. 이런 다양한 면모를 생각해본다면 마케팅은 결코 우연의 산물이 아님을 알 수 있다.

그 중에서 가장 중요한 것 중의 하나가 바로 도량 측정과 바닥 다지기에 해당하는 사전조사인데 그 대표적인 것이 시장조사일 것이다. 다음은 마케팅 조사 단계와 시장조사 시 반드시 챙겨야 할 항목들에 대한 핵심 정보들을 모아둔 것이다.

1) 마케팅 조사 단계

마케팅 조사 단계란 시장조사를 실시하기 전에 그 조사를 어떤 관점에서 어떻게 진행할 것인지를 결단하는 과정이다. 다음의 4단계를 통해 제품 마케팅 조사 전 단계에는 무엇이 필요한지를 알아보도록 하자.

① 문제의 정의와 조사 목적의 명확화 : 현 문제점을 정확히 이해하고 목적을 명확히 해야 한다. 이런 정의가 없다면 조사 주제가 빗나가고 결국 비용만 낭비하게 된다.

② 필요 정보의 결정 : 무엇을 얻으려고 조사하는가를 명확히 해야 한다.

③ 정보 원천의 확인(조사 대상의 명확화) : 일반적인 조사 대상은 주요 타겟이겠지만 상황에 따라 달라질 수도 있다. 예를 들어 구매자와 실제 사용자가 다른 경우 누구를 조사 대상으로 정할지를 명확히 해야 한다.

④ 조사 방법 결정 : 자체 조사 · 외주조사 등 조사방법을 결정해야 한다.

2) 시장조사 항목

다음은 시장조사 시 필요한 항목들로서 합리적인 조사를 진행하기 위한 중요 재료들이라고 할 수 있다.

① 제품과 용역에 대한 조사 : 포장방법, 디자인, 품질, 셀링포인트와 컨셉의 유효성, 소비형태 등

② 마케팅에 대한 조사 : 프로모션의 효과성, 시장 규모, 시장 잠재 가능성 등

③ 소비자 조사 : 타켓 분석 및 적정성, 타켓 효과적 접근 가능성, 구매 방식/경로, 구매 주기, 구매량, 구매(경계) 능력구매자와 실사용자 등

④ 경쟁자 조사 : 경쟁자의 판매 전략, 제품의 경쟁적 지위, 시장점유율, 다른 회사의 신제품 평가, 유통 전략 등

⑤ 목적시장의 상거래에 대한 조사 : 유통형태 및 마진 구조, 시장 진입 가능성 등

⑥ 일반 경제에 대한 조사

리서치에서의 조사 범위

대상 구분에 따라 다음 2가지로 나뉜다.

① booster : 특별조사를 위해 샘플을 찾아서 조사하는 것 (예: 디스 담배를 피우는 사람)

② random : 무작위 조사

자료 활용 구분에 따라 다음 2가지로 나뉜다.

① 패널 : 데이터가 만들어지면 여러 회사가 사용 가능한 것

② 애독(adhoc) : 주문 사항에 따라 조사하는 것

("어떤 어떤 것을 조사해 주세요."라는 의도에 맞게

조사하는 것)

치밀하고 정확하게 예측하라

마케터들 사이에는 신제품이 얼마나 잘 팔리고 어필할 수 있을지는 신만이 안다는 농담이 있다. 하지만 이것이 항상 적용되는 것은 아니다. 시장은 전혀 예측 불가능한 것이 아니며 일정 정도의 질서를 가지고 돌아간다. 바로 그 때문에 전문적인 마케터가 존재하는 것이며, 그들의 전문성이 빛을 발하는 것이다.

다만 판매 예측은 어느 한 가지 방법만으로는 정확한 수치를 내기 어려운 것이 사실이다. 따라서 할 수 있는 모든 기법을 동원해 폭넓게 실시해야 하며 많은 공을 들여야 한다. 일반적으로 마케터들이 사용하는 판매 예측 방법은 다음과 같은 것들이 있다. 이외에도 상황에 따라 다양한 마케팅 방법들이 도입되기도 한다.

1) 통계적 예측법

일반적인 경영보고서나 통계자료로 예측하는 방법이다. 일반적으로 거시적 사업계획서 작성 시에 활용된다.

2) 탐문 예측법

영업사원이나 판매원 또는 거래처에 판매 예측량을 질문하거나 제출토록 하는 것으로 실제 시장 상황을 피부로 느끼는 현장의 답변이 많다. 다만 이는 실현율은 높은 반면 급작스런 변수로 예측이 빗나갈 수도 있다.

3) 계절지수 예측법

일반적으로 과거 3년(최소 과거 1년)의 실적을 바탕으로 수요를 예측하는 방식으로, 과거 분기별 실적에 전체목표를 배분하는 방식으로 수립한다.

4) 감각적 예측법

마케터가 경험이 풍부해지면 감각적인 예측이 가능해지게 되는데, 이는 결과물 산출방식을 정확히 표현 할 수는 없지만 오히려 위의 예측법보다 비교적 근사치에 가깝다. 그러나 숫치가 개략적으로 표현되고 객관적 근거를 제시할 수 없다는 단점이 있다.

소비자는 왜 당신의 물건을 구입하는가?

소비자의 구매결정단계는 '문제인식 → 정보탐색 → 대안평가 → 구매 → 구매 후 행동'으로 이루어진다. 따라서 마케팅 전략을 수립하기 전에 마케터는 우선 자사의 상품에 소비자들의 관여도가 어느 정도인지를 평가해서 전략 결정의 기초를 구축할 필요가 있다. 즉 소비자가 우리 제품을 왜 구매하는지에 대한 제품 관여도 조사가 반드시 필요하다는 뜻이다.

다음은 이 제품 관여도 조사 시 나올 수 있는 대답들이다.

① 제품을 잘 알고 있으므로

② 가격이 싸서

③ 주변의 권장으로

④ 판매자의 권유로

나아가 판매를 분석하는 것 또한 소비자들의 제품에 대한 호응도와 구매 관여를 살펴볼 수 있는 좋은 자료가 된다. 다음은 일반적인 판매 분석 기법으로서 전략적 순서에 맞게 나아가 다각적으로 이루어질 필요가 있다.

① 총매출액 분석
② 상품별 · 월별 판매 분석
③ 분기별 판매 분석
④ 경로별 판매 분석 : 할인점, 백화점, 지역 대리점, 일반 대리점,
    실수요 대리점 등
⑤ 지역별 판매 분석
⑥ 고객별 판매 분석 : 고객별 매출액, 비용, 이윤 분석
⑦ 유통채널 / 취급 점포별 판매 분석
⑧ 영업부서별 또는 영업사원별 판매 분석
⑨ 경쟁업체와의 비교 판매 분석

상기 판매 분석은 과거 기간과 연속적으로 이루어져야 정확한 비교분석 및 예측이 이루어질 수 있다.

파레토 법칙과 ABC 기법을 고수하라

우리는 어떤 일을 할 때 항상 우선순위를 고려한다. 이렇게 우선순위를 짜놓지 않으면 어떤 일을 하거나 목표 대상을 삼을 때 혼란스러워지거나 정작 중요한 것을 놓치기 쉽다.

제품의 매출 관리 등에서도 이와 비슷한 현상이 발생하는데, 이것이 우선순위 마케팅이 중요한 이유다. 마케팅은 단순히 제품을 출시하는 것에 그치지 않고 그것의 수명연장, 나아가 거기에 필수적인 관리까지를 의미한다. 그리고 마케터는 제품이 출시되면 제품 관리에 신경 쓰되 다음의 우선순위 마케팅을 반드시 기억해야 한다.

1) 파레토 최적(80:20)의 법칙

"매출의 80%는 20%의 제품에서 발생한다. 매출의 80%는 20%의 거래처에서 발생한다."

이는 파레토의 법칙이라고 불리는 80 : 20의 법칙을 설명한 것이다. 주변을 둘러보면 많은 기업들이 상위 20%에 속하는 거래처와 그 외의 80% 거래처를 똑같은 대우로 취급하는 것을 볼 수 있다. 하지만 여기서 집중해서 관리해야 할 거래처는 상위 20%의 거래처이다. 즉 하위 80%보다 상위 20%와 상담하는 것이 시간에 쫓기는 영업사원이나 마케터들이 가장 발품 덜 팔고 쉽고 빠르게 정보를 얻거나 매출을 올릴 수 있는 방법이다. 여기서 말하는 20% 거래처는 속담에도 있는 '황소걸음' 거래처들로서 건실하고 장기적인 이익을 가져다준다.

실제로 파레토 최적 이론은 언뜻 단순해 보이지만 실무에서는 많은 사례에서 정확히 맞아드는 재미있는 이론이다.

2) ABC 분석

이 역시 전체 판매실적의 50%를 차지하는 거래처를 A 거래처, 전체 판매실적의 30%를 차지하는 거래처를 B 거래처, 나머지 20%를 차지하는 거래처를 C 거래처로 구분해 우선순위를 두고 관리하는 방법을 뜻한다.

특정 제품(거래처)의 매출이 하락하였을 때 대처 방법

대형 특정 제품(거래처)의 매출이 하락했다면, 일단 그보다 못하지만 가능성 높은 제품(거래처)을 발굴해 전체 매출을 올려야 한다. 반대로 전체 매출이 하락했을 때는 전체 제품(거래처)을 공략하는 것보다 매출 비중이 큰 제품(거래처)을 집중 공략해 매출을 올려야 한다.

닭고기 전문회사 하림의 브랜드 파워를 높이는 마케팅 수업

6장

강한
마케팅은
강한
마케터에게서
나온다

: 마케터, 어떻게 자신과 제품을 관리할 것인가?

마케팅을 관리하려면
마케팅 조직과 과업을 알아야 한다

　마케팅 관리란 구체적인 매출 목표, 시장점유율 목표 또는 이익 목표를 설정하고, 이를 달성하기 위한 전 과정을 계획하고, 집행하며 계획과 결과를 비교하여 계획을 수정하거나 집행 과정을 조정　통제하는 것을 말한다.

　이 과정을 수행하기 위해서 마케터는 반드시 마케팅 조직의 유형과 마케팅 과업에 대한 기본적 지식을 습득할 필요가 있다.

1) 마케팅 조직의 유형

　마케팅 조직은 하나의 단단한 군집체와 같다. 소규모 기업의 마케팅 부서를 보면 직무별 · 기능별 분리가 확연히 이루어지지 않은 경우도 있지만 중·대기업들의 경우 각각의 마케팅 부문에 적합한 기능적 조직 구성이 활발하게 이루어지고 있는 추세다. 그렇다면 마케팅 조직은 어떤 구성도를 가지고 각각 어떤 역할을 맡고 있는지, 어떤 장단점이 있는지 살펴보도록 하겠다.

① 기능별 관리 조직

- 장점 : 할당된 직무에 정통해 있다.
- 단점 : 상품, 지역, 고객의 특성을 도외시한 채 직무를 처리할 가능성이 있다.

② 지역별 관리 조직

- 장점 : 지역의 특성을 잘 이해하고 그에 걸맞은 아이디어를 풍부히 제시할 수 있다.
- 단점 : 각 지역 담당 부문 간의 조정이 잘 이루어지지 않으면 갈등이 생기고 관리비가 증대된다.

③ 제품별 관리 조직

시장과 고객층이 복잡하고 다양해 관리방법을 단순화 해야 할 필요가 있는 기업이나 상품별로 마케팅 방법과 판매 경로를 달리하려 할 때 유리하다.

→ 현 PM(Product Manager) 또는 BM(Brand Manager)조직

■ 장점 : 전문화가 가능하다.

■ 단점 : 상품마다 담당 부문을 달리하기 때문에 관리비가 증가하며 마케팅 업무가 중복된다.

④ 채널별 관리 조직

유통채널별 특성을 활용해야 할 때 유리하다.

⑤ 고객별 관리 조직

고객 대면력이 중요한 서비스 분야에 적합하다. 이 경우 관리비가 증대하고 마케팅 업무가 중복될 수 있다.

2) 마케팅 과업

마케팅 과업이라고 하면 상품을 알리는 것만 생각하는 경우가 많다. 하지만 이 마케팅도 여러 분야로 세분화될 수 있으며, 이 과업별 마케팅은 각각의 다양한 마케팅들이 어떤 목적을 위해 존재하는가를 보여준다. 다음은 과업별 마케팅 종류와 그 마케팅이 목적하는 효과들을 정리한 것이다.

① 자극 마케팅

새로운 수요를 창출하는 마케팅이자 제품을 상품화하여 많이 팔거나 수요를 자사로 돌리고자 하는 일반적인 개념의 마케팅

② 전환 마케팅

부정적인 상태를 긍정적인 상태로 전환시키는 마케팅(서양인들의 청국장에 대한 개념 전환)

③ 리마케팅(ReMarketing)

쇠퇴기에 있는 매출을 다시 끌어 올리는 마케팅(광고/판촉 또는 제품 리뉴얼 등)

④ 동시 마케팅

불규칙적인 수요 상황에서 수요의 평균화와 공급 시기를 일치시키기 위한 마케팅 → 1차 산업에서 사용(과일의 냉동보관 , 겨울철 삼계탕 프로모션 등)

⑤ 유지 마케팅 : 생산능력이 한계에 도달한 경우 더 이상의 추가 수요가 발생하거나 수요가 감소하지 않도록 유지하는 마케팅(일반적으로 이 경우 마케팅 활동을 하지 않는다.)

⑥ 디마케팅(DeMarketing)

수요를 의도적으로 줄이는 마케팅(전기와 물 등의 절약 운동)

⑦ Count(反) 마케팅

불건전한 수요를 소멸시키기 위한 마케팅(마약, 금연 광고)

2

마케터는 세분화되는 욕망에 민감해야 한다

마케터는 소비자과 제품을 만나게 하는 가장 중요한 교두보다. 따라서 그 만큼 시대 상황 속에서 소비자들의 욕구(desires)가 어떻게 변화하고 어떤 제품을 원하고 있는지를 정확히 간파해야 한다.

이를테면 과거의 소비자들은 필요(needs)에 의해서 물품을 구매했다면 지금은 바람(wants)을 통해 물품을 구매한다. 예를 들어 경쟁이 심하지 않은 과거에는 볼펜을 만들더라도 잘 써지기만 하면 됐지만, 현재의 소비자들은 디자인(색상과 캐릭터) 등 좀 더 세분화된 용도에서 다양한 제품을 요구한다. 그리고 바로 이런 상황에서 필연적으로 확대되는 것이 바로 틈새시장이다.

1) 니치(niche) 마케팅

대량생산·대량공급 위주에서 소량 다품종 위주의 차별화된 시장으로 전환(대중시장 → 세분시장 → 틈새시장)되면서 발생한 작은 규모 시장에 대한 마케팅을 뜻한다.

2) 니치 마케팅을 실행하기 위한 3가지 조건

니치마케팅은 불특정 다수를 위한 대대적인 홍보보다는 구매할 수 있는 소수의 소비자들을 위해 실시되는 것인 만큼 다음의 조건들이 필요하다.

① 소비자들이 프리미엄 가격을 지불할 수 있어야 한다.
② 구매력이 큰 매니아층이 있을 수록 유리하다.
③ 장기적으로 성장할 수 있어야 한다.

※니치마케팅은 대부분 시장이 작고 부가가치가 큰 고가 전문품 부문에서 유리하다.

마케터에 대한 몇 가지 오해들

마케팅에 대해 물어보면 많은 사람들이 흔히 하는 오해들이 있기 마련이다. 이는 마케팅에 대한 일반인의 개념과 전문인의 개념이 다르다는 것을 보여주기도 하지만 때로는 마케터 자신도 마케팅의 개념을 혼동하곤 한다.

하지만 이는 마케팅이란 무엇인지, 마케터가 마케팅에서 완수해야할 과업은 무엇인지, 마케터의 자질과 자세는 무엇인지를 정확하게 인식함으로써 얼마든지 벗어날 수 있는 오류일 것이다. 그렇다면 마케팅에 대한 대표적인 오류들을 통해 역으로 마케터의 진정한 자세에 대한 여정을 찾아가보도록 하자.

1) 마케터는 숫자에 집착해야 한다 ?

　개인적으로 나는 마케터가 숫자에 너무 집착하다 보면 전체를 읽는 눈을 잃어버리게 된다고 생각한다. 숫자는 어디까지나 보조적인 자료일 뿐이다. 물론 어떤 면에서 숫자는 반드시 지켜야 하는 원칙 중에 하나이자 중요한 근거이긴 하지만, 이보다 중요한 것은 상품과 시장을 바라보는 직관일 것이다.

　한 예로 신 시장에 진입할 때 많은 마케터들이 먼저 그 시장의 크기를 파악해야한다. 그런데 예를 들어 1,000억 시장에 진입한다고 가정하자. 아마 많은 마케터들이 이 중에 1%만 차지해도 10억의 수익을 올릴 것이라고 흥분한다. 그런데 여기서 이들이 놓친 부분이 있다.

　사실 여기서 가장 중요한 것은 시장 크기가 아닌 진입 가능성과 프로모션이다. 시장이 아무리 커도 진입을 못하면 빛 좋은 개살구다. 또한 진입 가능성이 있어도 프로모션이 약하면 말짱 꽝이다.

　즉, 마케터에게 시장 크기는 하나의 현상일 뿐 절대적인 기준이 될 수 없다. 작은 시장이라도 진입해서 시장 크기를 키우거나 기존 시장을 잠식할 가능성이 있다면 당연히 들어가야 하는 것이고, 아무리 시장이 크더라도 진입 가능성이 적거나 차별화나 기타 독특한 프로모션 계획이 없다면 진입 가치가 없는 것이다.

숫자에는 강력한 힘이 있다!

앞서 말했듯이 숫자는 논리적 오류가 있을 수도 있지만, 그럼에도 숫자가 가지는 힘은 강하다. 숫자 앞에서는 어떤 거짓말도 통하지 않기 때문이다.

아무리 말 잘하고 글로 표현을 잘하는 사람도 숫자 앞에서는 이길 수 없다. 게다가 숫자는 경영진이나 상사, 거래처를 설득시킬 수 있는 훌륭한 도구인 동시에 마케터나 영업 사원의 실적을 대변하는 절대적인 존재이다.

2) 마케터는 논리적이어야 한다?

신제품 컨셉 부분에서 이미 언급했듯이 시장은 결코 단순한 논리나 이론만으로 접근할 수 없는 부분이 상당히 많다. 즉 마케팅에서만큼은 1+1이 단순히 2가 아니다. 0(Zero)이 될 수도 있고 100이 될 수도 있다. 이런 면에서 기존의 예측과 고정관념을 깨뜨리는 엉뚱함이야말로 마케팅 브레인스토밍의 시작일 것이다.

3) 마케터는 서류에 파묻혀 살아야 한다?

거의 모든 회사 마케팅 근무자들이 서류 스트레스를 받는다. 일반적으로 마케팅 부서는 곳곳을 뛰어다녀야 하는 올어라운드플레이어(All Around Player)이다.

물류·생산·영업·기획·제품 모두에 관여해야 하며 이와 관련한 모든 오더(order) 및 페이퍼(Paper)들이 마케팅 부서로 떨어지게 된다. 그러면 아무리 능력 있는 사람이라도 능력 딸리고 헉헉대게 된다.

중요한 것은 마케팅은 전문 부서이지 잡다한 업무 처리하는 곳이 아님을 인식하는 것이다. 심지어 수금이 안 되는 것까지 마케팅 부서가 책임져야 한다면 과연 누가 이 자리에 있으려 하겠는가?

잘 되는 회사의 마케터는 페이퍼보다 아이디어로 스트레스를 받는 반면, 매출이 떨어지는 회사의 마케터는 페이퍼 때문에 더 큰 스트레스를 받는다. 심지어 책 한 권 정도의 서류를 하룻밤 만에 만드는 마케팅 부서도 한둘이 아닐 것이다.

매출을 원하는가? 페이퍼 작성자를 원하는가? 마케터들은 물론 스트레스를 받아야 한다. 그러나 그것은 단순한 보고서가 아닌 아이디어에 대한 스트레스여야 한다. 서류가 넘쳐나는 기업은 형식주의에 물들 수 있다.

마케터의 기본자세는 무엇인가?

누가 내게 세 가지 소원을 들어준다면 어떨까? 여러 생각을 해보게 된다. 다른 많은 염원들이 있을 수 있지만 마케터라면 "내가 만드는 모든 제품이 히트 상품이 되면 얼마나 좋을까?" 라는 생각도 해보았다.

그만큼 히트상품 내기가 힘들다는 의미다. 하지만 모든 마케터의 꿈인 '히트상품 제조기' 까지는 아니라도 훌륭한 마케터가 되는 방법이 하나 있다. 바로 훌륭한 마케터의 자질을 개발하고 키워서 꾸준히 발전해가는 것이다.

필자는 마케터의 자질이란 이론 또는 시장논리에만 집착하는 것이 아닌, '이론을 실무에 어떻게 잘 접목 시키는가' 라고 생각한다. 여기에는 단순한 지식이 아닌 몇발 앞을 내다 볼 수 있는 상인 감각, 나아가 시대의 흐름을 몇 발 앞서 예측하여 그 준비에 만전을 기한 다음,

다른 사람보다 한발 앞서 실행에 옮기는 '결단력'을 의미하는 사업 감각 등이 필요하다.

1) 마케터의 기본자세

① 나름대로의 마케팅 철학을 가져라

마케터에게는 자기 주관이 있어야 하고, 나아가 그 주관을 주장으로 펼칠 수 있는 역량이 있어야 한다. 이는 단순한 아집이나 고집과는 다른 것이다.

② 안 되면 되게 만들라!

이는 신입사원 때 "이것은 이래서 힘듭니다."라고 말하자 하림그룹 김홍국 회장님이 하신 말씀이다. 하지만 이것은 해병대 식의 "안 되면 되게 하라"와는 또 다르다. 단순히 안 되는 걸 '되게 하.'는 것은 무슨 방법을 써서든 문제를 해결하라는 것이지만, '되게 만들라'는 나와 상대를 포함한 1인칭, 2인칭, 3인칭 모두가 문제를 해결하도록 분위기를 만들고 길을 터주라는 것을 의미한다.

③ 업무의 효율성을 따져라

마케팅 부서는 막노동 부서가 아니라 아이디어를 창출하는 부서다. 책상에 앉아 있다고 해서 잘하는 것은 아니다. 마케터는 업무에 지쳐 효율성을 저하시키느니 일을 잘 할 수 있는 최상의 컨디션을 유지하는 것이 더 중요하다.

제품 담당 마케터에게 있어 제품은 자식이다

흔히 마케터가 신상품을 내는 마음을 자식 키우는 마음과 빗대어 말하곤 한다. 실제로 많은 마케터들이 신제품을 내면서 걱정 반 기대 반으로 잠을 설치는데 제품 내는 일은 실제로 자식 키우는 마음과 공통점이 있다.

① 나는 신경 안 쓰는데 혼자 잘 크는 놈? 정말 미안해지는 놈이다. 그래도 혼자서 무럭무럭 성장하니 흐뭇하다.

② 나는 아니지만 남이 신경 써서 잘 크는 놈? 대체로 영업의 노력으로 성공한 제품들이다.

③ 나도 남도 신경 안 쓰는데 잘 되는 놈? 시장에서 평가 받는 제품이다.

④ 가능성 있는 놈인데 다들 신경 안 써서 안 된 놈? 정말 불쌍한 탕아다. 똑똑한데 교육을 잘못시킨(?) 경우와 비슷하다.

⑤ 기대를 많이 했는데 탕아가 된 놈? 많은 비용 투자를 했음에도 기대에 못 미치는 녀석이다.

⑥ 남은 신경 안 쓰는데 나만 애착이 가는 놈? 불쌍한 생각이 드는 제품이다.

⑦ 남이 낳아서 나 준 놈? 담당이 바뀐 제품의 경우인데 성공한 제품이면 다행이지만, 실패한 제품일 경우 흔히 "남이 싸놓은 똥 치운다"는 표현을 쓰는 제품이다.

⑧ 내가 낳아서 남 준놈? 위와 비슷한 경우지만, 잘 될 제품은 남 줄 일 없으니 이럴 때는 끝까지 챙겨야 한다.

⑨ 싹수가 있어 신경쓰고 투자했더니 본전 뽑는 놈? 전형적인 모범생 스타일이다.

2) 마케팅 조직 관리의 다른 방법

마케터가 제대로 활동하기 위해서는 마케팅 조직 관리의 효율성과 자율성, 타 부서의 협조가 필요하다. 다음은 마케터 관리의 예이다.

① 일을 지나치게 시키지 말라.

② 알아서 하도록 하라.

③ 할 일을 찾아서 하도록 하라.

④ 문제를 스스로 도출하도록 하라.

이에 적응하지 못하는 사람이나 신입사원은 일 잘하는 사람 밑으로 귀속시키는 것도 좋다. 단 이러한 자율에는 실제 성과가 무엇인지를 명확히 하여 결과론적 성과지표가 뒤따르도록 해야 한다.

5

영업사원은 조직의 꽃이다

흔히 마케팅과 영업을 혼동하는 경우가 있다. 하지만 마케팅 전략과 영업 전략에는 분명히 차이가 존재한다. 쉽게 설명하자면 마케팅 전략은 거시 전략, 영업 전략은 미시 전략이라는 표현이 맞을 것이다. 즉 마케팅 전략이 큰 틀을 짜는 것이라면, 영업 전략은 그것을 몸으로 실행해내는 추진력을 의미한다.

아직도 많은 사람들이 영업사원이라 하면 눈 아래로 깔고 무시한다. 그러나 영업은 조직에서 가장 중요한 '조직의 꽃'이다. 아무리 마케팅 잘 하고 연구 개발, 관리를 잘 해도 결국 회사를 먹여 살리고 내 월급 주는 사람은 그들이다.

비단 영업사원이 아니더라도 결국 성공의 열쇠는 영업력에 있다. 간혹 협조 부서 또는 직원이 협조하지 않는다고 투덜대고 뒤에서 험

담하는 직원들이 있다. 자기 얼굴에 침 뱉기이다. 영업력이란 외부 영업뿐만이 아니라 조직 내 영업도 포함되는 것이다. 즉 일상생활에서 내편이 되어주고 내 업무에 힘을 실어주는 사람을 만들기 위한 가장 중요한 힘이다.

나아가 뛰어난 마케터는 기본적으로 영업 전략까지도 수립할 수 있는 사람이어야 한다. 내부 관계자(생산, 광고, 구매, 디자인, 개발팀 등), 외부 관계자(판촉물/광고회사, 디자인회사 등) 모두에게 설득의 힘을 발휘해야 하고, 무엇보다도 내부 관계자 중에서 특히 영업사원에 대한 영업을 잘 할 줄 알아야 한다. 아무리 좋은 제품을 만들어도 영업사원을 설득하지 못하면 그것이 빛을 발할 수 없기 때문이다.

영업사원을 설득시키려면 합리적으로 타당하게 이해시키는 능력과 더불어 제품 지식을 충분히 설명하고, 영업사원이 외부 거래처(거래처, 소비자 등)와 상담할 때 각종 질문에 효율적으로 답할 수 있도록 자료를 잘 정리해 제공해야 한다.

마케터가 자신이 있어야 영업사원을 설득시킬 수 있고, 영업사원이 자신 있어야 거래처를 설득시킬 수 있으며, 거래처가 자신 있어야 소비자에게 권하여 판매가 이루어진다는 것은 당연한 논리이다.

영업팀은 마케터에게 있어
최고의 고객이다

어느 조직이나 마케팅 부서와 영업 부서 간에 의견 충돌은 잦다. 마케팅 부서에서는 영업 부서가 회사정책도 모르고 근시안적 시각을 갖고 있다고 폄하하고, 영업부에서는 '시장논리를 전혀 모른다' 라며 마케팅팀을 비판한다. 극단적인 예로 어느 영업사원은 제품담당 PM 이 싫어서 그 제품을 안 판다고 말하기도 한다.

마케터는 영업부서 영업사원이야말로 최고의 고객임을 알아야 한다. 내가 아무리 잘났고 제품을 잘 만들고 프로모션을 잘 한다 해도 담당하고 있는 제품 또는 프로모션 결과물이 나오는 곳은 결국 영업부서이기 때문이다. 물론 모든 것을 수용하고 이해하기는 어렵지만 마케터는 최대한 영업부서에 대해 이해하고 의견을 수렴하며 적극적으로 지원해야 한다.

1) 세일즈맨의 임무

　세일즈맨의 임무는 마케터의 임무와는 다소 다르다. 이들은 일선에서 가장 열심히 싸우는 사람들이다. 또한 직접적으로 고객을 만나 정보를 얻고 그것을 마케팅 본부로 연결하는 통신병이자 회사의 얼굴이다. 다음은 세일즈맨의 기본적 임무를 정리한 것이다.

① 예측 : 그 지역의 고객, 가격, 수요, 제품 등을 예측해 관계 부서에 반영
② 의사소통 : 대화하고 설득해서 구매를 유도한다.
③ 판매와 서비스
④ 정보수집 : 정보와 시장조사 · 분석을 관계 부서에 반영시키는 연결 통로 역할을 한다.
⑤ 아이디어 제출 : 신제품, 프로모션 등

기존 영업 : 많이 팔고 돈 잘 받아오면 된다.
향후 영업 : 매출을 분석하고 향후 발생 가능 문제점을 예측해 미연에 방지한다.

닭고기 전문회사 하림의 브랜드 파워를 높이는 마케팅 수업

전화로 업무를 처리하는 사원은 1등 영업사원

대면이 아닌 전화로 영업하는 영업사원은 능력 있는 영업사원이다. 이는 쉽게 말해 영업력이 되기(?) 때문이다. 다만 일반적으로 전화를 통한 협상은 '아니오'라는 대답이 쉽게 나올 수 있고 대면 협상에 비해 협상 시간이 짧다는 단점이 있다. 따라서 영업사원이 상대적으로 불리한 협상대상자는 전화를 통한 협상을 피하는 것이 좋다.

2) 영업에서의 매출 분석 방법

매출은 제품이 탄생하고 알려지고 팔리는 이 모든 제품 판매 과정의 결정판이자 실질적으로 가장 중요한 것이다. 따라서 시기마다 적절한 영업 매출 분석이 필요한데 이 영업 매출 분석은 다양한 관점과 자료 정리로부터 시작한다.

또한 자료만 분석하는 것이 아닌 실패와 성공의 원인까지도 치밀하게 분석함으로써 정리된 내용을 다음번 영업전략에 반영할 수 있어야 한다. 영업 체계 안에서의 기존 매출 분석과 이로부터 발전한 변경된 매출 분석 Flow을 함께 살펴보도록 하자.

● 기존 : 기획에서 자료 요구 → 영업사원이 자료 정리 → 팀장이 자료 정리 및 자료 제출 → 기획에서 자료 통합 → 상위 부서 보고 (문제점 : 자료의 신뢰도 떨어짐, 전략 수립 부서가 없고, 이에 따른 전략의 평가 즉 실패와 성공 분석 없음)

● 변경 : 기획실에서 자료제시 → 영업에서 자료 분석/전략 수립 (팀장과 영업사원이 상호협의) → 기획실에서 자료 통합 → 전략 분석(기획팀장과 영업 팀장의 전략 분석) → 상위부서 보고 → 사후 전략 평가(실패 시 실패 원인 분석 → 성공 시 확대방안 모색)

바람직한 영업에서의 매출 분석 시스템은 매출을 발생시키고 정리하는 사람이 매출 분석을 같이 하는 것이다. 대부분의 회사는 영업사원만 개별 거래처를 관리하고 지점장과 영업부장은 전반적인(Total) 매출 관리에만 신경 쓰는 구조인데, 이제는 영업부장까지 개별 거래처 관리를 해야 한다. 만일 영업의 수장이 개별 거래처 관리에 소홀할 경우 영업사원까지도 개별 거래처 관리에 소홀해질 수 있다.

개별거래처를 관리하는 방법을 익히는 것도 중요하다. 우선 일일 매출 진도표를 작성하고 이를 일일 활동일지에 첨부하여 보고하는 것도 좋은 방법이다. 이렇게 하는 목적은 영업사원이 자신의 거래처 매출을 직접 관리하도록 하기 위해서다. 나아가 본부 매출 관리자는 일일 매출 진도표 관리 및 매출부진이나 상승 거래처들도 개별 정리 해야 한다. 이는 영업본부장의 개별 거래처에 대한 직접적인 전략 지시가 가능케 하기 위함이다.

혁신적인
마케터는
어떻게
탄생되는가?

훌륭한 회사가 훌륭한 마케터를 만든다

훌륭한 회사란 돈만 많이 주는 회사가 아니라 '고임금을 지급할 수 있는 생산성'을 가진 회사를 의미한다. 즉 비용을 늘이고 줄이는 작업보다는 적은 비용투자로 높은 생산성을 달성하는 데 치중해야 한다. 그런 회사라면 직원들도 업무를 효율적으로 진행하기 위해 노력하게 될 수밖에 없고 마케팅 부서도 마찬가지다. 나아가 몇 년을 내다보고 시나리오를 짜서 모든 것을 준비하는 기회선점형 경영 또한 좋은 회사의 조건이다. 이를 위해서는 필연적으로 혁신적 전략 수립이 필요한데 다음은 그에 요구되는 2가지 조건이다.

① 합리성과 논리성
객관적 사실을 논리적으로 분석하고 문제의 원인을 파악해 계획을 수립해야 한다.

② 창조성과 혁신성
조직 풍토의 재건 및 리스크에의 도전이 있어야 한다.

혁신적 전략 수립을 위해서는 주변에 대한 설득이 반드시 필요하고 이를 위해 합리적으로 접근해야 한다. 먼저 문제점을 제시, 그 뒤에 논리적으로 혁신적 전략을 제안해야 거부반응을 줄일 수 있다. 나 혼자 이게 옳다고 아무리 소리쳐봤자 받쳐줄 근거가 없다면 주변을 설득하기는 힘들다는 것을 기억해야 한다.

혁신적 전략 수립은 2가지 방법으로 접근할 수 있는데, 첫째, 분석을 통해 불합리성을 발견 후 이를 근거로 전략을 제시하는 방법이 있고, 둘째, 먼저 전략을 수립한 후 전략 수립의 합리성을 찾는 경우가 있다. 어느 방법을 사용하건 제일 중요한 것은 변화를 두려워해서는 안 된다는 것이다.

그리고 이 같은 혁신적 분위기가 자리 잡은 회사는 조직적인 통일성과 창조성을 구현할 수 있고, 따라서 마케팅 부서의 활동력도 커질 수밖에 없다.

혁신적인 리더가 훌륭한 마케터를 만든다

혼히 상사들 중에 잘 되면 다 내가 한 것이고, 안 되면 부하직원 핑계를 대는 경우가 간혹 있다. 이런 상사 밑에서라면 누구든 일하기 싫다. 같은 월급쟁이로서 이해 못하는 바도 아니고, 일이라는 것이 꼭 생색을 내기 위한 건 아니지만, 이런 경우 부하직원들은 일할 마음이 사라지게 된다. '내가 열심히 일하면 생색은 다 팀장이 낼 거야' 라고 생각하게 되면 생산성도 당연히 저하될 것이다.

관리자는 일단 자신이 도장을 찍었으면 잘못된 것도 자기 몫임을 당연하게 인정하고 책임져야만 한다. 그래야 믿고 따르는 부하직원도 생기게 된다. 그러나 이런 굳건한 다짐에도 불구하고 조직이 잘 굴러가지 않는 경우도 있다.

이때 관리자는 몇 가지를 살펴볼 필요가 있다. 우선 스스로가 먼저 업무의 목적을 분명히 했는지 점검해야 한다. 만일 자기가 먼저 보고서에 대해 애매한 지시를 내려놓고, 나중에 보고서가 왜 이 모양이냐고 꾸짖는다면 어떨까? 이때는 명확한 보고서를 요구하지 못한 관리자부터 반성해야 한다.

나아가 문제가 생기면 누군가를 탓하기 전에 항상 원점으로 돌아가서 처리해야 한다. 즉 처음부터(시작부터) 되짚어가면서 문제해결을 위한 방안들을 함께 마련해야 하는 것이다. 부하직원들을 대하는 태도도 중요하다. 사람은 누구나 열심히 했는데 칭찬을 못 들으면 좌절한다. '아! 밤샘한 결과가 고작 이건가?' 라고 생각하는 부하직원이 생각보다 많다.

그리고 칭찬하는 관리자는 아름답다.

마케터를 키우는 인재경영이 필요한 이유

뛰어난 영업사원 한 명은 자신의 영업소를 책임지지만, 마케터 한 명이 출시한 히트제품 또는 프로모션은 회사 전체를 작은 회사에서 대기업으로 만든다. 그리고 지금껏 우리는 이런 사례를 수없이 보아왔다.

마케터는 결코 타고나는 것이 아니다. 다른 인재들과 마찬가지로 마케팅 인재 역시 기업의 교육과 노력을 통해 만들어지고 성장하는 존재임에도 현재의 인재육성은 많은 문제점들이 있다.

어떤 관리자들은 직원들을 육성하고자 해도 조직 이탈이 심해서 투자할 가치를 못 느낀다고 토로한다. 그러나 그것은 핑계에 지나지 않는다. 교육은 개인이 받는 것이 아니라 '회사가 받는 것'이다. 교육 및 육성 프로그램을 내부적으로 시스템화한다면 이러한 문제점은 충분히 해소할 수 있다. 그리고 한번 높아진 조직의 수준과 시스템은 몇 사람 이탈하였다고 해서 쉽게 무너지지 않는다.

하림은 초창기 마케팅 조직부터 갓 입사한 신입사원이라도 1년에 2번 이상 가까운 일본을 포함한 미국 유럽의 선진국 박람회 또는 공장을 참관하고 견학시켜 안목을 넓힐 수 있는 기회를 주었다. 회사가 아무리 어려워도 이러한 교육문화는 잠시도 멈추지 않았고 이러한 투자가 축적되어 지금의 하림그룹을 만들었다.

일반적인 마케팅 조직을 보면 개개인에게 똑같은 관리 체계를 적용함으로써 개인의 독특한 달란트 및 다양성을 무시하고 나아가 그에게 비전을 제시하지 못하는 경향이 많다. 관리자는 개개인의 달란트를 인정하고 그 달란트를 육성해야 하며 회사와 마케팅 조직, 개인의 중장기적인 비전을 함께 제시할 수 있어야 한다.

훌륭한 제품 하나가 수많은 이들의 고심과 노력에서 나오는 것처럼 훌륭한 마케터도 그냥 생겨나는 것은 아니다. 마케터 자신은 물론 조직 자체가 함께 다방면에서 발전하려고 노력할 때 개인의 삶, 조직의 삶 모두를 히트시키는 '진정한 히트 제조기'가 만들어지고 그만큼 회사가 발전한다는 것을 알아야 한다.

참고문헌

패션 마케팅전략 (최채환 저 / 한언)

2000년을 위한 전략경영의 전개 (전유상 저 / 어문각)

광고의 신화, 욕망, 이미지 (현실문화연구 편 / 현실문화연구)

마케팅 대전환 (스탠랩, 톰 콜린즈 저 / 연암사)

100전 101승 시장지배전략 (황의록 저 / 동아)

브랜드 네이밍 전략 매뉴얼 (김양수 저 / 나남신서)

손자병법과 전략경영 (박헌준 저 / 석정)

마케팅 박사의 마케팅 여행 (채수명 저 / 한국경제신문사)

현대마아케팅 상식노트 37 (한상설 저 / 신세대)

기업이미지를 디자인하라 (경노훈 저 / 21세기북스)

자수성가를 꿈꾸는 사람이 꼭 알아야 할 창업노하우 (다케다 요이치 저, 이선희 역 / 홍익출판사)

신창조론 (이면우 저 / 한국경제신문사)

성공기업의 마케팅노하우 (장승규 / 푸른산)

모방전략 (스티븐 슈나즈 저, 손근상 역 / 사민서각)

광고효과 측정사례집 (일본능률협회 저, 강우석 역 / 정보여행)